だいわ文庫

そなえ

35歳までに学んでおくべきこと

野村克也

大和書房

はじめに――見ている人は必ず見ている

三十五歳――。

プロ野球選手にとっては――最近は身体のケアの方法が進み、酷使されることも減ったことで選手寿命が長くなっているとはいえ――そろそろ現役を引退し、第二の人生を歩みはじめる時期だといえる。

サラリーマンであるならば、ふつうは管理職として部下を束ね、組織のなかでとりわけ重要な役割を担っていくことが期待されるころだ。

あるいは、それまでの人生を一度リセットし、新たなスタートを切るとしたら、ギリギリとはいわないまでも、かなりの覚悟がいる年齢ではないかと思う。

いずれにせよ、**人生のひとつの節目、大きな岐路を迎えるときが三十五歳だといえるだろう**。

事実、私もそうだった。南海ホークス（現・福岡ソフトバンクホークス）のプレーイング・マネージャー、すなわち選手兼任監督を拝命したのが、ちょうど三十五歳のときだったのである。

野球選手には、現役のときは特筆すべき実績を残していなくても、監督やコーチ、あるいは解説者として引く手あまたという人間がいる一方で、選手としては超一流であっても指導者や解説・評論家としてはまったくお呼びがかからない人間や、あるいはお呼びがかかってもたいした成果を出せず、その後は野球界からいっこうに誘いがかからない人間もいる。

いったい、その差はどこから来るのであろうか――。

簡単である。それまでの毎日の過ごし方――それ以外にない。言い換えれば、その人間に**「人が自分を見ている」という意識があるかどうか**、ということだ。

「誰かが見ている」という意識をいつも忘れなければ、おのずと何事にも全力で取り組むようになり、毎日を無為に過ごすことはなくなる。日々をそういう姿勢で送っていれば、自然と経験やノウハウなどが蓄積され、それらを必要とし、活かす場が必ず与えられるのである。

とくに野球選手の場合、現役でいられる期間より引退後の生活のほうがずっと長い。野球しかやってこず、一般社会と接点を持たなかったために、悲惨な末路を迎えざるをえなかった選手の姿をさんざん見てきた私は、三十代に入ったころから引退後のことを考え出した。

当時のプロ野球の監督やコーチは、みな大学出だった。南海の鶴岡一人《つるおかかずと》監督にしろ、巨人や西鉄ライオンズ（現・埼玉西武ライオンズ）などを率いた三原《みはら》脩《おさむ》さんにしろ、そのライバルで巨人の第二次黄金時代を築いた水原茂《みずはらしげる》さんにしろ、阪急ブレーブス（現・オリックスバファローズ）の西本幸雄《にしもとゆきお》さんにしろ、全員大学出、しかも東京六大学の出身だった。

「野球界ですら、やっぱりモノをいうのは学歴なんだな……」

私は嘆かざるをえなかった。唯一の例外は巨人を空前絶後の九連覇に導くことになる川上哲治《かわかみてつはる》さんだったが、その川上さんとて高校野球の名門・熊本工業の出身。田舎の無名高校卒の私が監督やコーチになれるなんて、現役時代は夢にも思わなかった。

となれば、道はひとつしかない。評論家、解説者である。

かりにもプレーイング・マネージャーまで務めたのだから、テレビ局や新聞社が一度はチャンスをくれる。しかし、お世辞を言ったり、ゴマをすったりすることができない、処世術が零点の私は、満足な評論や解説ができなければ、もう使ってもらえないだろう。そうならないためには、誰にも負けない評論・解説をしなければならない——そう考えた私は、時間とチャンスさえあれば、必ず実況放送を観たり聞いたりするよう心がけた。それも、ただ見聞きするだけでなく、自分が解説者になったつもりで、画面を見ながら実際に解説した。

その甲斐あって、四十五歳で引退したときには、たくさんのメディアから誘いをいただき、講演の依頼もひっきりなしに入ってきた。第二の人生は順調にスタートしたかのように見えた。

ただ、元来が口下手で、しかも愛想もない私は、最初のうちはなかなか思うように話すことができなかった。とくに講演ではしどろもどろになることもしばしばで、正直、自信を失いかけた。

そんなとき、私の支えとなったのが、「人生の師」と仰ぐ評論家・草柳《くさやなぎ》大蔵《だいぞう》さんがかけてくれたひとことだった。

「**人間はひとりでは絶対に生きていけません。人の評価で生きている。見ている人は見ています**」

現役を引退した私に、草柳さんはそう言った。

「**口下手であるとか、処世術なんて問題じゃない。いい解説、いい評論をしていれば、必ず誰かが見て評価してくれる。だから、絶対に手を抜いてはいけません**」

その言葉を胸に、私は解説や評論、講演の仕事に全身全霊をかけて取り組んだ。

そうして九年が過ぎたとき、それまで縁もゆかりもなかった人が突然、目の前に現れ、言った。

「ぜひとも監督を引き受けてほしい」

それが当時、ヤクルトスワローズの球団社長だった相馬《そうま》和夫《かずお》さんだった。相馬さんは、私の評論や解説を読んだり聞いたりして、「チームを強くしてくれるのは野村しかいない」と確信したのだという。

「ああ、やっぱり見ている人は見ているのだな。一所懸命仕事をしていれば、必ず誰かが認めてくれるのだ……」

そう思ったのを、まるで昨日のことのように思い出す。

以来私は、ほとんどの時間を監督としてグラウンドで過ごしてきた。いまも解説や評論の仕事をさせてもらっている。どんなことより好きな野球で、どうやら死ぬまで飯を食っていくことができそうだ。

私が現役を引退し、第二の人生をスタートさせたのは四十五歳。監督として迎えられたときには五十四歳になっていたけれど、一度も仕事に困らなかったのは、現役時代から引退後のことを考え、準備していたからであるといっていい。二十〜三十代の現役時代に培った知識や理論、野球観などが評論家としてのベースとなり、そしてそこに評論家時代の経験を加えたものが、のちに監督として思う存分、腕を振るうための源泉となったのである。

だから、ヤクルトスワローズのときも、阪神タイガースのときも、そして東北楽天ゴールデンイーグルスでも、私は選手たちにことあるごとに言ってきた。

「二十五、六歳までは無我夢中で野球をやりなさい。そして、三十歳前後になったら引退後のことを考えなさい。将来、自分はどうなりたいのか、野球に携わっていきたいのか、それともまったく別の世界で生きていくのか。そうしたことを少しは考えてみなさい」

そのうえで、こうつけ加えた。

「**どちらの道を選ぶにせよ、そのことをつねに念頭において毎日を過ごしなさい。見ている人は必ず見ているものだから**」

これは、野球選手以外にも通じることだと思う。**将来をしっかり見据え、そのためにするべきことをきちんとして日々を過ごすか、それともただ無為に過ごすか――どちらをとるかで、その後の人生は大きく変わってくる**。大きく飛躍し、花開く可能性もあれば、逆に尻すぼみに終わる可能性もある。

そのときになってあわててもはじまらないし、後悔してももう遅いのである。どんな世界であっても、プロフェッショナルと呼べるだけの仕事をできるようになるのは、三十歳を過ぎてからであろう。

何事もスキルを身につけるには、**「基礎」「基本」「応用」**というステップを順に踏んでいくことが必要だ。「基礎」とは、仕事をするための土台となるもの。「基本」は、仕事における判断や行動の指針。それらをもとに実地に移すことが「応用」である。

年齢でいえば、基礎づくりは二十五歳まで。そこから三十歳くらいまでが基本を身につける時期になる。そして、基礎づくりや基本を身につける過程で痛い目に遭ったり、感動したり、さまざまな経験を積むことで、三十代になってようやく、それまでは見えなかったものが見えるようになったり、考えつかなかったことを思いつくようになったりする。つまり、「応用」という本当の仕事ができるようになるのだと思う。これは私の実感である。私が戦後初の三冠王を獲《と》ったのも三十歳のときだった。

二十代なら、たとえ大きなミスをしても「若さ」を理由に許される。しかし、三十歳を過ぎれば次第に許されないケースが増えていく。まして三十五歳ともなれば、逆に若い人間が犯したミスをカバーし、正しい方向に導いてやることが立場的にも求められるはずだ。だからこそ、**「誰かが必ず自分を見ている」という意識を持って二十代、三十代前半の毎日を過ごすことが非常に大事なのである。**

言葉を換えればそれは、「**いかにそなえるか**」ということである。将来に向けて「どれだけそなえることができるか」ということだ。つまり、プロセスである。

行き当たりばったりでは、そなえたことにはならない。「そなえ」とは、私に言わせれば、「確率の高いものを選択する」ことをいう。

「**いま、どのような選択をすれば、最善の結果を生む可能性が高いか？**」

あらゆる選択肢を想定し、そのなかからもっとも成功する確率が高いものを選択する――それを「そなえ」と呼ぶのであり、それが正しいプロセスを踏むということなのである。

そのために大切になるのが、「予」ということだ。予感、予想、予測、予防、予約……の「予」である。

「予」という字には、「あらかじめ」という意味がある。あらかじめ感じ、あらかじめ想い、あらかじめ測り、あらかじめ防ぐ……。ただ漠然と毎日を過ごすのではなく、そうやってつねに「そなえる」ことで正しいプロセスを歩むことができ、それが見ている人の評価につながっていくのである。

そのことを忘れず、日々、すべきことに一所懸命取り組んでいれば、四十代、五十代はもちろん、私のように八十歳を越えても、実り多い毎日を送ることができるはずである。

そのためのヒントを本書で述べていきたい。


私は野球のことしか話せない。しかし、草柳さんは言った。

「それでいいんです。講演を聞いている人は自分の立場に置き換えて聞いてくれる。ですから、あなたの野球の経験、人生の体験をそのまま話せばいいのです」と――。

「ただし――」と草柳さんは断って、こう続けた。

「一夜漬けの知識は絶対に喋ってはいけません」


したがって、**これから述べることは、これまでの人生で私が実際に考え、実践し、会得した真実のみである**。みなさんが日々を有益に過ごすために少しでも役立つことになれば、幸甚である。

そなえ——35歳までに学んでおくべきこと

目次

第1章

人間的成長なくして技術的進歩なし

第2章

「失敗」と書いて「せいちょう（成長）」と読む

第3章

満は損を招き、謙は益を受く

第4章

おのれを知り、徹せよ

第1章

人間的成長なくして技術的進歩なし

技術を磨く前に人間を磨け

「人間」とは、じつによく言ったものだと感じ入る。

「人」という字は、個人はたがいに支え合っていかないと生きていけないことを表しているという。そして、そういう「人たちの間」で生きていかざるをえないのがわれわれであるということを、「人間」という言葉は表しているのだろう。

私はこれをさらに敷衍《ふえん》して、次のように解釈している。

「**人のためになってこそ人間、他人があってこその自分**」なのだと――。

ところが、人間というものは往々にしてそのことを忘れがちだ。自分ひとりで生きていると錯覚しがちである。とくに野球選手はそうで、いまの自分があるのはすべて自分ひとりの力だと考えている輩《やから》が非常に多い。彼らは過酷な競争を勝ち抜いてきた、いわば「選ばれし者」であるから、いまの自分があるのはすべて自分の才能のおかげだと考えている。

しかし、現実にはそんなことはありえない。**ピッチャーがアウトを稼げるのは、野手が後ろで守ってくれるからである。**

「ならば、二十七人全員を三振に打ち取ればいい」

と言うかもしれないが、それとて、キャッチャーなしには不可能だ。バッターが自分ひとりであげられる打点はホームランによる一点だけ。ランナーがいるからこそ、一本のヒットやホームランで複数の打点がマークできるのである。

そもそも、ピッチャーにしろ、バッターにしろ、起用してくれた監督、アドバイスをくれたコーチや先輩から、練習台になってくれたバッティング・ピッチャーやブルペン・キャッチャー、データを集めてくれたスコアラー、さらには移動の手配をしてくれるマネージャーまで、さまざまな裏方の世話になっているし、何より自分を生んでくれた親の存在があるからこそ、いま野球で飯を食うことができているのである。

だからこそ、選手は「他人があってこその自分であり、人のためになってこそ人間である」という**謙虚さと感謝の心、そしてそれを持てる素直さを忘れてはいけない**のであり、監督として私も、口を酸っぱくしてそれを選手たちに言い続けてきた。なぜなら、監督の業務の第一は、選手たちに考え方のエキスを注入することだと考えているからである。

むろん、こうしたことは野球選手にかぎらない。すべての人間にあてはまることである。**どんな人間であっても、他人からの恩恵をさまざまなかたちで受けている**のであり、そのことを絶対に忘れてはいけないのだ。

たとえば、二〇一二年、奇しくもともに出場一九七六試合目で二〇〇〇本安打を達成した、稲葉《いなば》篤紀《あつのり》と宮本《みやもと》慎也《しんや》の成功の根幹には、間違いなく、**感謝や献身といった、野球を通しての人間性の練磨がある**と私は思う。宮本はＷＢＣ

（ワールドベースボールクラシック）日本代表チームの主将に指名されたし、稲葉は「稲葉ジャンプ」に象徴されるように、札幌ドームで最も愛される選手になっていたのが、その証《あかし》である。

ともに私のヤクルト監督時代の選手だが、才能という点でいえば、彼らよりも恵まれた選手はいくらでもいた。しかし、歴史に残る二〇〇〇本安打は、才能だけからは決して生まれない。

やや話が大きくなるが、戦後教育の最大の欠陥は、「個と社会の関係性について間違った認識を植え付けたこと」であると私は考えている。その結果、**たんなるわがままや自分勝手を「自由」とか「個性」と誤解している人間が非常に多くなっていると感じるのだ。**

あたりまえの話だが、自由とは、個性とは、自分中心に物事を考えることでも、自分の思い通りに行動することでもない。自由というものは、一方に不自由な人がいるから存在する。ひとり歩きできない。つまり、周囲の納得と承認が得られてはじめて認められるものであり、また、そうであってこそ輝くものである。

個性も同様である。周りの人が認めてくれなければ、ただの変わり者。**真の個性とは、言うなれば、世のため、人のために役立ってこそ祝福される個人の特性のことを指すのである。**そこをはき違えてはいけない。

好きな言葉がある。

心が変われば態度が変わる
態度が変われば行動が変わる
行動が変われば習慣が変わる
習慣が変われば人格が変わる
人格が変われば運命が変わる
運命が変われば人生が変わる

インドのヒンズー教の教えを引用したものだという。

これを野球選手にあてはめれば、意識が変わることで野球観が変わり、野球観が変われば、日頃の行いや野球に対する取り組み方が変わる。取り組み方が変われば、当然、プレーの質が高まり、評価も上がる。それが個人タイトルやチームの優勝につながり、結果としてその選手の運命と人生を変える……そういう意味になろうか。

独自の実践哲学を確立した中村天風《なかむらてんぷう》の「思考が人生を創る」という言葉も、考え方が取り組み方を変え、その取り組み方が仕事の質を高め、人生を決定づけるということだと私は解釈している。

つまり、**人生と仕事を切り離して考えることはできないのであり、とすれば、いくら技術を磨いても、考え方、取り組み方が変わらなくては、進歩することもないのである。**

「人間的成長なくして技術的進歩なし」

私が常日頃からそう口にする所以《ゆえん》は、そこにある。だから「技術を伸ばしたい」と願う者に私は、こう言うことにしている。

「技術を磨く前に、まずは人間を磨け」

よい仕事をするためには人生観を確立せよ

「捕れない球は追わない」

昔、南海にそういう選手がいた。いまでも見かける。明らかなファウルボールを最初から追おうとしないキャッチャーや外野手はたまにいる。

「無駄なことはしない」というのは、たしかに合理的で効率的ではあるし、「先が見える、先が読める」という能力を示すものであるのかもしれない。

しかし、組織のなかにそういう人間がいると、どんなことが起きるだろうか——。

第一に、チームの士気は間違いなく低下する。「あいつがしないなら、おれもしない」と考える人間が必ず現れ、そういうムードがチーム内に蔓延してしまう。

第二に、その人間はチームメイトからの信頼をなくすはずだ。当然だろう。必要以上のことをしようとしない人間を、誰が信用するのか。

その人間に言わせれば、「たかが捕れない球」かもしれない。が、そこには彼の思想、人生観が投影されている。行動の根幹には思想があり、思想が行動を規定するからである。

「捕れない球は追わない」という思想を敷衍していくと、こういう考え方に行き着きはしないか。

「楽しくない、おもしろくないから、自分は死ぬ」

とすれば、「捕れないから追わない」「無駄だと思うことはしない」というのではなくて、**「捕れなくても追ってみる」「無駄と思えるようなことでもやってみる」ところから、人生というものは開けてくるのではないか**──私はそう思う。

繰り返すが、仕事と人生を切り離して考えることはできない。これは、言葉を換えれば、「**仕事とは生きるための手段であり、人生を生きること自体が目標**」ということになる。

私は監督時代、選手たちにそのような話をしたうえで、よくこう訊ねた。

「**人は何のために生まれてくると思う?**」

ほとんどの選手はそんなことを考えたこともないから、何も答えられない。しかし、何のために生まれてきたのか、どのように人生を生きたいのか、どういう人間になりたいのか——そういう、しっかりした人生観が確立しなければ、仕事観も確立しないし、人生観が変わらなければ仕事観も変わらない。**人生観がしっかりしていなければ、ろくな仕事はできないのである**。

そういう気持ちを込めて、かつて、ヤクルトの春季キャンプ初日のミーティングで、こんなことをした記憶がある。

私はまず、ホワイトボードの真ん中に大きく「**自分**」と書いた。それを時計の中心としてとらえ、十二時に当たる部分に「**人生**」、六時の位置には「**家族**」、三時に「**職業**」、九時に「**プロフェッショナル**」とそれぞれ書いていき、さらに「**野球**」「**仕事**」「**組織**」「**会社**」「**社会**」「**国**」「**財**」というふうに、思いつくまま十二の項目を「自分」の周りに並べたのである。

私が言いたかったのは、**自分にとって「人生」とは何かを一度でもいいから考えてみろ**、ということであった。次いで、「家族」との関わり、すなわち親とは何か、妻とは何か、「職業」とは、「プロ」とは自分にとってどういう意味を持っているのか……ということを考えてみてはどうかと、提案したかったのである。

ヤクルトを率いて三年目にはじめてリーグ優勝を成し遂げ、ひとつの目標を達成した。次の段階に進むためにはどうすればいいのか考えた末に、この「時計思想」に行き着いたのだった。何かの折にこの「時計」を思い出すことで、選手に新たな意欲が芽生えるだろうと考えたのである。

野球選手として働ける時間は短い。その後の人生のほうがずっと長いのだ。「自分－野球＝0」では、第二の人生をスタートさせるとき、どうにもならない。そのようなハメに陥らないようにするには、野球選手であっても、**自分を磨き、人生観を確立し、ひとりの人間として社会から認められなければならない。**

現役を引退したとき、幸いなことに私は仕事に困ることがなかった。処世術にはまったく長《た》けていないにもかかわらず、評論や解説だけでなく、講演の依頼も全国からひっきりなしに入ってきた。

「野村－野球＝0」にはなりたくないと、現役時代から引退後のことを考え、自分を磨いていたからだと私は思っている。その姿を見てくれている少なくない人がいたのである。

そういう経験があったから、選手たちにも自分を中心として人生や家族、仕事などを考えることで、人生観を確立し、自分を磨くためのヒントにしてほしい——時計思想に込めたのは、そういう願いであった。

マーくんこと、田《た》中《なか》将《まさ》大《ひろ》が新人だったころ、彼によく言っていたことがある。

「ヒーローインタビューでマイクを向けられたり、取材を受けたときは、自分のPRの場だと思ってやれ」

そして「そのためには、**常日頃から野球とは何かと自分に問いかけ、自分独自の野球哲学、野球思想を確立しておけ**」と——。

田中が将来、日本を代表するピッチャーになるためには、人間形成が必要不可欠であり、そのためには二十代前半の過ごし方が最も大事だと考えたからである。

いまやメジャーリーグを代表するピッチャーのひとりとなったテキサスレンジャーズのダルビッシュ有《ゆう》などは、はっきりとした自分の野球哲学を持っている数少ない選手のひとりだろう。彼は若さや現代風の外見とは裏腹に、自分の意志でマウンドに立つ「古き良きエース」としての側面を備えている。キャッチャーのサインに首を振る姿やインタビューでの発言から、強い意志と独自の哲学が垣間見える。それこそが、彼をメジャーリーグという大きな舞台へと押し上げる原動力となったことは間違いない。

チームのなかで、野球界のなかだけで認められていてもしかたがない。野球選手といえども、一般社会のなかで認められるようになることが大切だ。一般社会で認められれば、その後の人生に困ることはない。そのためには、なによりもまず、しっかりした人生観を確立しなければならないのである。

礼儀は憲法よりも大事である

中国の兵法家・呉子は、**「礼」と「義」を教え、「恥の意識」を持たせれば、兵士は自主的に動く**と記している。

「礼」とは、あいさつにはじまる常識。そしてそこから生まれる感性を指す。「義」は、人が歩んで行くべき正しい道。そして「恥の意識」とは、人として恥ずかしい、プロとして恥ずかしいという気持ちのことであり、それが向上心につながるという意味だ。

以前、私は少年野球の指導に携わっていたが、そのとき、子どもたちに繰り返し説いたのも「礼儀」の大切さであった。

少年野球をやっているといっても、子どもたち全員がプロ野球選手になるわけではない。かりになりたくても、全員がなれるわけではない。言い換えれば、ほとんどの子どもがいつかは野球とは関係ない仕事をするために社会に出て行くことになる。

そのとき、何よりも重要になるものは何か——礼儀であろう。**あいさつをする。頭を下げる。お礼を申し上げる……「礼にはじまって、礼に終わる」と言われるように、これらは人間社会の基本であり、コミュニケーションの原点である**。それが身についていない人間が、社会で相手にされるわけがない。

逆に言えば、礼儀さえきちんとわきまえていれば、社会に出てから困ることはないのである。

「憲法より礼儀が大事」

極端な言い方をすれば、私はそう思っている。憲法を知らなくても生きていけるけれど（事実、私だってよく知らない）、礼儀を知らなくては生きていくのは難しいからだ。

野球選手という人種は、一見、礼儀をわきまえているようで、じつは本当の礼儀とは何かということを意外に理解していない。ヤクルトの監督だったころ、こんなことがあった。

シーズン後に行う秋季キャンプのある日、私が風呂に行くと、ちょうど風呂から上がった二軍の若い選手たちが着替えをしていた。彼らは私の姿に気づくと、口々に言った。

「ウース……」

アマチュア野球の世界では、高校、大学、社会人を問わず、どういうわけかあいさつは「ウース」と決まっている。同級生はもとより、先輩やコーチ、監督に対してもそうなのだ。だから、二軍の選手も私に「ウース」と言うのにまったく疑問を感じなかったのだろう。

しかし、あいさつとは何のためにあるのか――。

あいさつは漢字で「挨拶」と書く。「挨」には「ひらく」、「拶」には「せまる」という意味があるそうだ。つまり、**「挨拶」とは、自分の心を「ひらき」、**

相手に「せまる」ためにあるわけだ。

であるならば、「ウース」と言われた相手が、「この人は心をひらいているな」「自分も心をひらこう」と思うだろうか。自分があいさつをされる立場になったときのことを想像すれば、すぐにわかるだろう。「ウース」などというあいさつ」は、「監督が来たから、とりあえず何か言わないといけないな」という程度の理由で、義務的に発しているにすぎない。そんなものは「挨拶」とはいえないのである。

その日、さっそくミーティングで私が選手たちに礼儀の重要性を説いたことは言うまでもない。

「大きな声で『おはようございます！』と言ってみろ。清々しい気持ちになるぞ」

最近は、どんな店に行っても店員さんの態度がすこぶる丁寧になっている。一流レストランやデパートといった高級店のみならず、コンビニエンス・ストアやファストフードのような庶民的な店、とくにチェーン店にそういう傾向が強いという。

ただ、そうした対応を気味が悪いと感じる人も少なくないようだ。なぜならば、それは心の底から発せられる自然なあいさつではないからだろう。ただマニュアルに従って義務的に口にしているだけで、機械的で心がこもっていない。慇懃無礼という言葉があるが、いくら言葉は丁寧でも、心のなかでは敬意を感じていないことが透けて見えるので、胸を打つことがない。自分の心をひらいていないから、相手に迫ることがないのである。

自分から心をひらかなければ、誰もそこに入ってこない。そう、あいさつは相手を理解するためのコミュニケーションの第一歩なのである。

大きな実績を残している組織は、礼儀についてもしっかりと教育しているし、**礼儀をきちんとわきまえた人間は、仕事においても立派な結果を出すものである。**

ヤクルトの監督をしているとき、こういうことがあった。優勝を決めたあと、いわゆる消化試合でBクラスが決まっているチームと対戦した。そのチームの選手は、私の顔を見ても「こんにちは」と言うだけだった。まあ、あいさつするだけマシといえるが、そのあと巨人の選手と会うと、みんなが口々に「おめでとうございます」と言ってくれた。誰かに言われたとか、無理をしているわけではなく、自然にそういう言葉がスッと出てくるのである。いまは知らないが、当時の巨人には、礼節を重んじる風土がまだ残っていた。

「さすがは巨人だな……」

私は感じ入ったものだ。

やはり、**礼儀は憲法より大事なのである**。

親孝行は大成の絶対条件

かつて巨人軍を前人未到の九連覇に導いた川上哲治さんは、私が私淑した監督である。ヤクルトの指揮を執ることになったとき、チームとしての目標にしたのがＶ９時代の巨人であり、監督としての手本としたのが川上さんであった。

「あのころの巨人はＯＮがいたから強かった」

よく言われることである。たしかに王《おう》貞治《さだはる》と長嶋《ながしま》茂雄《しげお》の存在はこのうえなく大きい。ＯＮがいなければ、九連覇は不可能だったというのは事実かもしれない。しかし、ふたりがいれば誰が監督であっても九連覇できたかといえば、答えは絶対に否だ。

突出した才能を持つ人間というものは、往々にして我が強く、とかく自信過剰なものである。そうした人間が組織にひとりいるだけでも、管理する側にとっては厄介なものだ。ましてやふたりいようものなら、必ずといっていいほど争いが起こり、派閥ができる。そして最後は、どちらかが組織を出て行かざるをえなくなる。

それが「両雄並び立たず」といわれる所以だが、川上さんは王と長嶋を――年上の長嶋をつねに立てる王の人間性も大きかったとはいえ――見事に並び立たせた。さらに言えば、川上さんが監督だったからこそ、ＯＮはチームのために力を最大限に発揮できたと言っても過言ではないと思う。

では、それを可能にしたものは何か――。

人間教育である。私はそう考えている。

川上さんは、技術指導はもっぱら各コーチに任せ、自分はひたすら人間教育に力を注いだそうだ。ミーティングなどでも野球の話はほとんどせず、ひとりの人間としてのあり方をしつこいくらい説いたという。

「プロとして働ける時間は短い。ほとんどの選手は引退後の人生のほうが長い。一般社会に出たとき、困らないように、『さすがは元巨人の選手だ』と言われるような人間にしておきたい」

川上さんはそう考えておられた。そのためには、トイレのスリッパの脱ぎ方まで厳しく注文をつけたそうだ。「あとで使う人のことを考えて、きちんと揃えて脱げ」というのである。

ONといえども特別扱いしなかった。あるとき、ミーティングに長嶋がノートと筆記具を持ってこなかったことがあった。すると川上さんはそれらを持って来るよう長嶋に伝え、長嶋が戻って来るまでミーティングを始めなかったそうだ。当時のキャッチャーだった森祇晶《もりまさあき》が話していた。

口でいうのはたやすいが、これはなかなかできないことである。並の監督なら、見て見ぬ振りをするだろう。しかし、川上さんは妥協しなかった。川上さんがそういう姿勢だったから、ONはチームのためにいっさい手を抜かずにプレーしたし、そのONを見てほかの選手も「自分もやらなければいけない」と考え、全力を尽くした。だからこそ、あのころの巨人は九連覇という偉業を達成することができたのだ。

ところで、**川上さんがとくに重要視したのは感謝の心**だったという。そのことを象徴すると私が思っているのが、次の有名なエピソードである。すでに解説者になってからのことであるが、淡《あわ》口《ぐち》憲《けん》治《じ》という左バッターについて、川上さんがこう語ったというものだ。

「この選手は親孝行だから大成しますよ」

ふつう、このエピソードは笑い話として引き合いに出される。いわく「野球と親孝行、どこが関係あるのだ」と……。

しかし、私は「もっともだ」と感じ入った。**野球と親孝行は大いに関係あるのだ**。

親孝行＝感謝の心といっていい。親孝行であるならば、自分を育ててくれた親に感謝し、恩返ししたいと思っている。今度は自分が面倒を見る、楽をさせてやる番だと考えているはずだ。

そのためには、選手として大成しなければならない。たくさん給料をもらえるようにならなければならない。そう強く願えば、人より努力しようと思うだろう。いい成績をあげるにはどうしたらいいのか、何をすればいいのか、徹底的に考え、創意工夫し、たくさん練習するだろう。コーチや先輩にアドバイスされれば、貪欲に吸収しようとするに違いない。当然、大成する確率は高くなるのだ。

そういうことなのである。川上さんはそれを「親孝行」という言葉で端的に言い表したのである。事実、成功している選手は、例外なく親孝行だと断言してもいい。半世紀以上にわたって数多くの選手を見てきた私が言うのだから、間違いない。

この私にしても、プロ野球の世界に入ったのは貧乏から抜け出し、女手ひとつで私を育ててくれた母親を楽にしてやりたい、いい生活をさせてやりたいと思ったからだった。そのためには一軍に上がり、レギュラーにならなければならなかった。だから人の倍以上練習したし、もっと打てるようになるためにはどうすればいいか、どういう配球をすればバッターを打ち取れるか、人の数倍は考え抜いた。

だいたい、親がいなければ自分はこの世に存在しないのである。その**自分を生んでくれた親に孝行しようという気持ちがない人間が、どうして満足な仕事をできようか**。親孝行は、大成するための必要にして最低限の条件なのである。

親孝行をしたいという気持ちが、そのモチベーションになった。

ほめられているうちは半人前と自覚せよ

近年は、「ほめて育てる」のが人材育成の主流になっているようだ。学校では「五つほめ、三つ教えて、二つ叱る」のが基本なのだという。

最近の若い人は、叱られることに慣れていない。だから、ちょっとでも叱られると意気消沈してしまう。そうならないためには、まずは長所をほめ、伸ばしてやることが大切だとされているらしい。

しかし、私は「叱って育てる」を指導の基本方針にしていた。ほめるのは照れくさくて、大の苦手だったこともあるが、それ以上にこう信じていたからだ。

「叱ってこそ、人は育つ」ものであると……。

叱ることで、選手に「なにくそ！」という反発心が芽生えることを期待していた。

ジャンプするためには、膝《ひざ》をかがめて反動をつける必要がある。それと同じように、叱ることで選手の身体を上から押さえつけ、反動をつけさせる役目を引き受けているつもりだった。

断っておくが、「叱る」と「ほめる」は同意語である。どちらもその源泉は愛情だからである。むしろ違うのは「叱る」と「怒る」だ。「叱る」の源泉には愛情があるが、「怒る」のは愛情からではない。

むろん、ときにはほめるのも必要であるし、百歩譲って「ほめて育てる」ことを認めるとしても、しかしこれだけは絶対に言える。

「**ほめられているあいだは半人前もしくは二流である**」

ほめておだてるのは、そうしなければ、みずから動こうという意欲が引き出されないからである。一人前になれば、ほめられなくても自分の意思でさらなる高みを目指そうとするから、なんでもかんでもほめる必要はない。

したがって、ほめられているということは、周囲はその人間を一人前として扱っていないことの裏返しといっていいのである。ほめられたからといって、いい気になっている場合ではないのだ。

「人間は、無視・賞賛・非難の順で試される」

これは、野球のみならずすべての分野で共通する、人材育成の原理原則だと私は考えている。

すなわち、箸にも棒にもかからず、まったくお話にならない状態のときは「無視」。少し見込みが出てきたら「賞賛」する。そして、組織の中心を担うような存在になったと認めたら、今度は「非難」するのである。私はそういうふうにして選手たちに接してきた。これには、私自身が南海の監督だった鶴岡一人さんに、まさしくそのように育てられてきたという影響も大きい。

私は無名高校出身のテスト生として南海に入団した。あとで知ったのだが、私は選手としてではなく、いわゆる〝カベ〟、すなわちブルペン・キャッチャーとして採用されたのだった。あたりまえだが、そんな私は鶴岡監督の眼中にはなかった。完全に無視された。

「なんとかして一軍に上がり、鶴岡監督に注目してもらうにはどうすればいいのか？」

考えた私は、バッティングに活路を見出すべく、カベをこなしながら人の倍以上はバットを振った。鶴岡監督に注目してもらうためにはそれしかないと思い、手のひらをいつもマメだらけにしていた。

幸運にも、三年目の春にハワイで行われたキャンプにカベとしてではあったが帯同を許され、レギュラー捕手だった松井淳《まついじゅん》先輩が肩を痛めたため出番がまわってきて、地元チームとの親善試合で好成績をあげることができた（これには相手チームのレベルが低かったこともあったのだが）。

すると、帰国した際に行われた記者会見で、鶴岡監督はこう言った。

「ハワイキャンプは失敗だった。みんな観光気分に浸ってしまい、練習にならなかった。しかし、ひとつだけ収穫があった。それは、野村に使えるメドがたったことだ」

あんなにうれしかったことはない。それまでまったく無視されてきた鶴岡監督に、はじめて認められたのである。

「よし、がんばって一軍に残るぞ！」

強く誓ったのをいまでも憶えている。

その誓い通り、一軍に残り、なんとかレギュラーに定着したかどうかというころのことだった。たまたま球場の通路で出くわした鶴岡監督が、すれ違いざま、さりげなくポツリと言った。

「**おまえ、ようなったな……**」

普段の鶴岡監督は、あいさつをしても無視か、せいぜい「おう」くらいしか言わない。だから予想もしなかっただけに一瞬、虚をつかれたが、その後、喜びがこみあげてきた。

「やっぱり監督はおれを認めてくれていた。期待してくれていたんだ。その期待に応えるために、もっとがんばらなければいけないな……」

鶴岡監督のさりげないひとことが私の自信となり原動力となった。

ところが、である。その後、私はただの一度も鶴岡監督からほめられることはなかった。面と向かってほめられたのは、あとにも先にも、この一度だけだった。

もともと自軍の選手をめったにほめない人ではあったけれど、私に対してはとくに厳しかったように思う。徹底的に非難された。

「おまえは二流の投手はよう打つけど、稲尾《いなお》（和久《かずひさ》）のような一流は打てんのう」

「中西《なかにし》（太《ふとし》）を見てみい。あれが銭の取れるバッティングや。それに較べておまえは……」

三冠王を獲ったときでさえ、「何が三冠王じゃ！　ちゃんちゃらおかしいわ。いい気になるなよ」と言われた。

悔しかった。「こんちくしょう！」と思った。けれども、同時に私はこう考えた。

「これはおれに対する期待の裏返しなんだ。よし、稲尾を打ってやろうじゃないか。中西さんに追いついてやろうじゃないか！」

発奮した私は、十六ミリフィルムで稲尾の投球フォームをあらゆる角度から写し、それをすり切れるほど見て攻略のヒントをつかみ、さらに努力と創意工夫を重ねたものだった。

選手としてそれなりの成績を残すことができたのは、そういう気持ちをつねに持ち続けたからだ。まさしく私は鶴岡監督から「無視・賞賛・非難」の順で試されたのである。

だいたい、まったく実力がないにもかかわらず、「自分を見てくれていない」と言ってふてくされるようでは、もとから見込みはない。

「なんとかして自分を見てもらいたい、認められたい」と願い、「そのためにはどうすればいいのか」と考えるところから、人の成長ははじまるのである。

そうした努力が実り、たとえば、あなたが上司から存在を認められ、それなりの仕事をまかせてもらえるようになったとしよう。そして、なんとかその仕事をうまく処理できて、上司や先輩からほめられた。ほめられればうれしいから、「もっとがんばって、もっとほめてもらおう」と考えるだろう。周囲も意欲を引き出すために、もっとほめるはずだ。

しかし、先ほども述べたように、ほめられているあいだはしょせん、半人前なのだ。「自分はできるのだ」などとうぬぼれたり、勘違いしたりするなどもってのほか。**「自分はまだまだなのだ」と自戒し、謙虚な態度を忘れてはいけない**。

そうしているうちに、いつしかほめられることが少なくなり、逆に叱責されることが増えてくるはずだ。当然、おもしろくないだろう。「ちくしょう」と思うだろう。だが、そのときこそ、あなたが「一人前」あるいは「一流である」と認められたときなのだ。

一人前になれば、周囲からの要求は当然高くなる。それまでと同じことをしていては、周囲は満足してくれない。いきおい、周囲は厳しく接するようになる。期待に応えられない場合は、激しく叱責されることもあるだろう。三十代というのは、人生のなかで、ちょうどそうした時期に当たるのではないか。

その人間が、さらに成長できるか、そこで終わるかを分けるのは、批判されたときにどう思うかだ。「こんちくしょう」という気持ちをどこにぶつけるか、である。

「もうダメだ」と気落ちしたり、「悪いのはおれじゃない」と不平を口にしたりするなら、それまでだ。

そうではなく、「いまに見ていろよ」「絶対に見返してやる!」と強く思い、「どうして叱られたのだろう」「何がいけなかったのだろう。何が足りなかったのだろう」と**自問自答できる人間は、絶対に伸びる**。

繰り返すが、ほめられて喜んでいるうちは半人前。非難されてはじめて一人前と認められるのであり、その非難をどのようにとらえるかで、その人間の真価は決まるのである。

評価とは他人が下すものである

東北楽天ゴールデンイーグルスの監督を務めていたときのことである。ある左バッターがフリーエージェントの権利（ＦＡ権）を取得した。その選手は、楽天の母体となった大阪近鉄バファローズの出身で、近鉄時代は「いてまえ打線」と呼ばれた強力打線のクリーンナップトリオの一角を担い、二〇〇一年には優勝にも貢献。楽天でも中心選手のひとりとして活躍していたが、ＦＡ権を取得すると、「優勝できるチームに行きたい」と発言し、移籍を希望した。

実績を考えれば、獲得に動く球団はあると思われた。その選手自身も、「複数の球団から誘いがあるはずだ」と思っていたらしい。

しかし、声をかけてくるところはひとつもなかった。結局、彼はＦＡ権を行使することなく、楽天に残留した。そして翌年、再びＦＡ権を手にした彼は、またも移籍の希望を表明したが、やはり結果は同じだった。

その選手は、ショックだったろうと思う。悔しかったと思う。しかし、自分に対する評価をあらためて思い知らされたことは、決してマイナスではなかったはずだ。

よく言うのだが、人間というものは自己愛で生きている。誰しも自分がいちばんかわいい。だから、**自分に対する評価はどうしても甘くなる**。すなわち、バイアスがかかっており、適正とは言いがたい。

逆に言えば、その人間の価値、評価というものは、自分ではなく、他人が決めるのである。**他人が下した評価こそが正しいのだ**。

先の選手は、成績だけをとれば、たしかに他球団の誘いがあってもおかしくなかった。しかし、野球選手の価値とは、たんなる数字だけではない。ましてや**チームの中心を担うような選手には、「チームの鑑《かがみ》」、つまりすべての面でほ**

かの選手の手本となることが求められる。ただ打てばいい、ただ抑えればいいというものではないのである。グラウンド外での態度も含めて、選手の価値ははかられるのだ。

その点で、彼は物足りなかった。**ひとことでいえば、「チームより自分」だったのである**。近鉄時代に「いてまえ打線」などとなまじマスコミから持ち上げられ、いい思いをしたから、「おれが打てばいいだろう」という考えで野球をやっていたのだ（その選手の名誉のために言っておけば、自分中心の考え方をしていたのは彼だけではない。近鉄出身の選手はおしなべてそうだった。だから環境というものは恐ろしいのである）。

象徴的なシーンがある。ノーアウトランナー二塁で打順が回ってきた。相手は右ピッチャーである。左バッターである彼は、ふつうは、悪くてもランナーをサードに進めるために、ライト方向に打てる確率の高いインコースに狙い球をしぼるはずだ。少なくとも、追い込まれるまでは待たなければならない。

ところが、彼は初球から、それもよりによって外角の難しいボールに手を出し、レフトへの浅いファウルフライという最悪の結果に終わったのである。しかも、すまなそうな顔すら見せず、「惜しかったな」という表情でベンチに帰ってきた。

すでに述べたように、見ている人間は見ている。その選手には、「自分のことしか考えていない」「チームの鑑にはなりえない」という評価がすでに下されていたのだ。だから、どこからも誘いが来なかったのである。

しかし、自分の評価と他人の評価のギャップに気づいた彼は、その後、ずいぶん変わった。翌年のキャンプでは二軍スタートとなったが、腐ることなく自ら率先して目の色を変えて練習に取り組んだ。その姿は若手にもいい影響を与えたはずだ。心を入れ替え、個人記録へのこだわりより、チームのことを考えるようになった。その姿を見た二軍監督も私に言った。

「**ようやく自分がわかってきたようです**」

最近は、核家族のなかで、ほめられて育てられてきたからなのか、根拠のない自信を持っている若者が多いと聞く。つまり、**自己評価が不自然に高い**のである。

学生時代はそれでもよかったかもしれないが、社会に出ればそうはいかない。**上司や先輩、取り引き先の人たち、つまり他人がその人間の価値をシビアに評価する**。そこではじめて自己評価とのギャップを思い知らされ、自信を喪失するケースも少なくないという。

そうならないためにも、「評価は自分ではなく他人がするものであり、他人の評価こそが正しいのだ」ということを、あらかじめ肝に銘じておいたほうがいい。

だいたい、**自分の評価が正しいと思い込んでしまえば、「自分はよくやっている」と低いレベルでの満足感を抱き、それ以上の努力をしなくなる**に決まっている。となれば、そこで成長は止まってしまうのみならず、「おれはこんなにがんばっているのだから、それを認めないほうがバカだ」などと見当はずれの勘違いをする可能性もある。

「**自分はまだまだ**」

そのようにつねに自戒し、つねにより高みを目指す努力を怠らなければ、おのずと他人の評価も上がっていくはずである。

なぜ茶髪とヒゲはダメなのか

ヤクルトでも、阪神でも、東北楽天でも、私は選手たちに茶髪とヒゲを禁止していた。巨人から戦力外通告を受けた清《きよ》原《はら》和《かず》博《ひろ》の獲得に楽天が動いていると報道されたときには、清原に対して「ピアスをはずしてから来い」と発言した。田中将大がモヒカン頭で現れたときも、即座に元通りにするよう命じた。

こうしたことに対しては、「時代錯誤ではないか」とか「野球と関係ないではないか」という反発や批判もあった。

大いに関係あるのである。**仕事に対する姿勢、覚悟というものは、まず見た目に表れるのだ。**

参議院議員にまでなった江《え》本《もと》孟《たけ》紀《のり》が南海にいたとき、髪を非常に長く伸ばしていた。ちょうど若者のあいだに長髪が流行《はや》りはじめたころだったが、江本の髪は際立って長かった。「髪を切ってこい」と命じても、「髪の毛と野球、どういう関係があるんだ」と言ってきかない。

思案した私は、草柳大蔵さんのもとを訪れ、「最近の若者はなぜ髪を伸ばしたがるのか」と訊ねてみた。草柳さんは言った。

「髪の毛は毛細血管なんです。毛には血液が流れている。そこには人間の心理が表れるのです」

要するに、自己顕示なのである。ちゃらんぽらんで、ろくな仕事ができない者にかぎって、外見で目立とうとする。生き方や仕事に対する自信がないからである。外見で周囲に存在を認めてもらうことで、安心を得ようとするわけだ。

きちんとした人生を送っていれば、**しっかりした仕事をしていれば、見た目で目立つ必要はない**。服装などで自分をことさら主張しなくても、きちんと評価されているからである。そういう人は、むしろTPOをわきまえた、清潔だけれど質素な身なりをしているものだ。

「心技体」とよくいわれるが、よい仕事をするためには、体力・知力・気力のバランスがとれていることが大切だ。髪を染めたり、ヒゲをはやしたりというのは、そのバランスが崩れていることを意味している。「心」が乱れていることを表しているのである。

古来、僧侶が頭を丸めるのは何のためか——。生活に便利だからでも、セックスアピールのためでもない。

「仏道修行に一生をかける」

その決意表明なのである。

実際、**立派な業績をあげている組織ほど、規律やルールを厳しくしている**。野球でいえば、ニューヨークヤンキースや巨人がそうだ。ヤンキースでは長髪やヒゲを禁止していると聞いたし、「**つねに紳士たれ**」を教訓に掲げている巨人もやはりそうだ。黄金時代の西武ライオンズも礼儀やマナーを非常に重視していた。

野球のような団体競技は、個人が好き勝手にプレーしていては絶対に勝てない。チームプレーの精神が必要不可欠だ。当然、そこにはおのずと秩序とルールが生じる。

そして、このことはすべての組織に共通する。なぜなら、それぞれ考え方も氏素性も異なる人間を統率し、同じ目標に向かって進ませていくためには、最低限の秩序やルールが必要だからだ。それを無視して各自が勝手に行動しては、組織がまとまるわけがなく、当然、よい仕事もできないのである。現に、メジャーでも日本でも、**弱いチームは規律が甘い。乱れている。**断言してもいい。

そもそも、必要以上に染めたり、長かったりする髪やヒゲ面、だらしない服装は、それが格好いいと信じている本人はともかく、見ているほうは決して気持ちのいいものではないだろう。

事実、江本の長髪を「汚らしい」と不快感をあらわにしたり、「みっともない」と言ってきたファンは少なくなかったし、清原のピアスにしても、講演などに行くと、「なんとかならないのですか」と、まったく関係のない私に訴えてくる人がいた。みなさん、揃って「いい感じはしない」と言っていたものだ。

前述したように、個性とは、他人から承認されてはじめて個性として認められる。**自分だけが思い込んでいることは、個性でもなんでもなく、ただの独りよがりにすぎない**。

評価とは自分ではなく、他人が下すものだ。うわべで主張するのではなく、真剣に中身を磨いて、野球選手ならばユニフォーム姿ではなくプレーで、つまり仕事の内容で自分を主張すべきなのである。そうすれば、おのずと外見も光り輝くようになるはずである。

ケチは人格を疑われる

ある選手の話をする。かりにAとしておこう。

Aは選手としては一流で、知性派として知られていたことから、引退後は指導者としても間違いなく成功するだろうと見られていた。私も「いい監督になるだろうな」と大いに期待していた。

そして、実際に出身チームの監督として迎えられたのだが、結果はわれわれの期待を裏切ることになった。はっきりいって、失敗だった。

それゆえ、本人は「もう一度やりたい」との意欲は満々のようだが、いまだどこからもお呼びがかかっていない。

「外から野球を見る経験が足りなかった」「あまりに自分のオリジナリティを出そうとしすぎた」……うまくいかなかった原因はいくつも指摘できるだろう。しかし、私の見るところ、Aには監督としてチームを率いていくには致命的な欠陥があった。

ケチなのである。

こんな話を何度も聞いたことがある。Aが現役時代のことだ。

遠征に行くと、「ホテルの食事では元気が出ない」、あるいは「チームの士気を高める」などという理由で、主力選手が音頭をとって、選手みんなで外に焼き肉などを食べにいくことがある。親睦をはかるために、一般の職場でもよくあることだと思う。

そういうとき、誰が勘定を払うか――われわれの世界では、いちばん給料の高い選手と決まっている。それが常識だ。私も現役時代はずっとチーム一の年俸をもらっていたから、チームメイトと食事に出かけたときは必ず払っていた。会社であっても、ふつうは上司が全部とはいわないまでも、多めに払うものだと思う。少なくとも管理職がヒラ社員と飲みにいって完全な割り勘ということはないだろう。

ところが、Aはいちばんの高給取りであったにもかかわらず、一度も払ったことがなかったそうだ。いつも「我関せず」という感じで、自分で払う気などハナからなかった。たとえ口先だけであっても、「今日はおれが払うから」と言ったことさえ、一度もなかったという。支払いはいつも別の主力選手たちだった。

「Aさんって、一度も払ったことないね。あの人、ケチなんじゃないの？」

若い後輩選手のあいだでは、しょっちゅうそんな会話が交わされていたらしい。

聞けば、Aは夫人にも月々の生活費を渡すだけだったらしい。

「お小遣いは自分で働いて稼がなければならないんです」

夫人本人がそう話していた。

まあ、奥さんの言うことがほんとうなのかそれとも冗談なのかはわからないけれど、いずれにせよ、Aがケチであることはどうやら事実のようで、彼のそういう部分が監督になってから響いたのだと私は見ている。それでは選手たちはついていかないのだ。要するに、人望に欠けていたのである。

「えっ？　焼き肉をおごる、おごらないくらいのそんな些細なことで？」

そう思われるかもしれない。が、一見些細なことのように思えて、じつはこういうことは非常に重要なのである。

ケチというのは、**とくに男のケチというのは、人格を疑われる**。そうなっては、いくら卓越した理論や知識、技術を持っていたとしても、周りの人間はもうついていかない。人間性が信頼できないからである。監督としての采配とか、技術指導とかを云々する以前の問題なのである。

別に「いつも大盤振る舞いしろ」というわけではない。無理してカネをばらまく必要もない。**そこにいる人たちの顔を見て、その場の雰囲気を感じて、判断すればいいだけの話なのである**。その結果、割り勘になっても、あるいは別の人間に払ってもらっても、周囲が納得しているのならかまわない。

要は状況判断なのだ。そもそも、おごるのがいやならば、一緒に行かなければいい。自分の立場を考えれば、一緒に食事に行けばおごらざるをえなくなることくらい、わかりそうなものだ。その程度の状況判断ができなくて、どうしてチームをまとめられようか。

厳しいことを言えば、Aは「器」ではなかったのだ。おそらく彼は、監督というものは、ただ作戦を立てていればいい、グラウンドで指示を出していればいい、くらいにしか考えていなかったのではないか。

そうではない。むろん、それらは監督のもっとも大きな仕事である。しかし、かりにも数十人の人間を束ね、ひとつの目標に向かわせるためには、そうしたことよりもはるかに重要なことがあるのだ。

いうなれば「人間力」――すなわち、実務だけではない、人間性や人望なども含めたトータルな人間としての魅力が、リーダーには必要不可欠なのである。

選手というものは監督や先輩の言動を必ず見ているものだ。微に入り細を穿《うが》ち、じつに細かく観察している。私自身、現役時代は鶴岡監督をつねに見ていたからよくわかる。

会社だって、おそらく同じだろう。部下たちは上司や先輩の何気ない言動をじっと見ているはずだ。たいがいの人間は、いずれは部下を束ねる立場になるはずだ。若いうちからそういうことを念頭において行動したほうがいい。

言葉を身につけよ

サラリーマンの世界では、三十五歳を過ぎれば、中間管理職として部下を束ねる立場に置かれるのではないかと思う。言い換えればそれは、それまでみずからが動いて行っていたことを、今度はほかの人間にやらせる立場になるということだろう。

人を動かすために必要なファクターはいくつもあるが、なかでも重要だと私が考えているのが「言葉」である。

最もわかりやすいのが政治家だ。いくら経済政策や外交政策に通じていても、それを言葉にしてわかりやすく国民に説明できなければ、支持は集まらない。

かつて小泉純一郎《こいずみじゅんいちろう》氏があれほど熱狂的な支持を得たのは、その是非はともかくとして、彼の簡潔にして的確な力強い言葉が国民の心の琴線に触れたからだろう。小泉氏以来、強いリーダーシップを感じさせる政治家が見当たらないのも、最近の政治家の言葉があまりに軽く、空虚であることが大きな理由だと思う。

言葉が大事という点では、プロ野球の監督やコーチも同様である。

「野球に言葉なんか必要ないだろう」

そう思っている方もいるかもしれない。いや、プロ野球関係者のほうがそんなふうに考えている人間は多いはずだ。ずっと「考える前に動け」「理論より実践」と言われ続けてきたから、指導者になってもそれでいいと思っている。とくに、選手として一流だった者ほど、その傾向が強い。技術の勘所を身体感覚で理解し、実行に移せてしまうので、言葉など必要としなかったのである。

しかし、指導者になれば別だ。指導されるのは一流選手ばかりではないからだ。というより、感覚だけでは理解できない選手のほうが圧倒的に多いからだ。

そんな選手たちに自分が持っている技術や知識、理論を確実に伝えるためには、やはり言葉が絶対に欠かせないのである。

プロ野球の世界でさえそうなのだから、一般社会においてはなおさら言葉は大切だろう。

では、**言葉を獲得するために何が必要か――第一はやはり、本を読むことだと思う**。これは私自身の実感だ。

現役を引退し、評論家活動をはじめた私が、最初にぶちあたったのもやはり、言葉の壁だった。解説や評論、講演などを通して野球の魅力や奥深さを野球の専門家ではない一般の人たちに伝えるためには、なによりわかりやすく、平易にして的確な言葉が求められる。

ところが、もともと人前で話すのが苦手な私は、何をどのように話せばいいのか、皆目わからなかった。野球に関する知識や理論は誰にも負けないと自負していたが、それを伝える術を持たなかったのである。そのため、自信をなくし、円形脱毛症にかかったほどだった。

「なんとかしなければいけない」と思った私が活路を求めたのが、本を読むことだった。師と仰ぐ評論家の草柳大蔵氏に薦められた『活学』（安岡正篤《やすおかまさひろ》著）という本を手始めに、ありとあらゆる本を読み、あらためて自分の無知無学ぶりを思い知らされるとともに、大いに後悔したものだ。

「どうしてもっと早くから本を読まなかったのだろう……」

とくに参考になった中国の古典を筆頭に、心に残った箇所やフレーズには赤線を引き、ときには書き写したりした。いまの私が発する言葉に、人をとらえる何らかの力があるとすれば、それはこの時期の読書体験の賜物である。

もうひとつ、**自分が無知であることを自覚し、あらゆることにアンテナを張り巡らせておく**ことも言葉を身につけるためには大切なことだ。

耳がなぜついているのか――情報を仕入れるためだろう。耳を大きく開き、なんでも吸収しようとすれば、いくらでも情報は入ってくるはずだ。私は自分が無知無学であることを思い知らされてからはとくに、耳を大きく開いて人の言っていることに耳を傾けたものだ。

それがおもしろくてしかたがなかった。聞くことによって、私の無知がひとつ減り、そのたびにわずかではあるけれど成長できるからである。

だから、むさぼるように聞き、身を乗り出して聞き、顔を輝かせて貪欲に聞く——いまもこれを実践している。

「**耳は大なるべく、口は小なるべし**」

という言葉がある。耳は教養や知識を入れるために大きく開いておき、口はしゃべりすぎないよう、控えめに小さくしておくべし、という意味である。これが逆になっている人も少なくないのではないだろうか。

選手たちに私は、「無知を自覚せよ」と繰り返し言ってきたが、**じつはたくさんのことを知らないと、自分が無知であることを自覚できない**。だから、本を読み、人の話を聞くことが大切なのであり、そうすることで、まだまだ自分が無知であることを思い知らされる。そして、もっと本を読んだり、人の話を聞いたりして、さらに広い世界を知りたいという欲が生まれるのである。

難しさを知らなければ真のやさしさにはたどり着けない

感銘を受けた言葉に、こういうものがある。

「やさしい」「むづかしい」、どっちもほんとだ。然《しか》し、むづかしい道を踏んで踏みこえて、真に、むづかしさを苦悩した上で、初めて、やさしい、を知った人でなければ、ほんものではない。

作家・吉川英治《よしかわえいじ》さんの言葉である。

たまたまこの一節に出会ったとき、「これだ！」と思った。文章の頭に「野球は」とつければ、そのまま通用する。「**野球とは、やさしい、むづかしい、どっちもほんとだ。しかし、むづかしい道を踏んで踏みこえて、真にむづかしさを苦悩した上で、初めて、やさしい……**」という具合に……。

要するに、「本当にやさしくプレーする」には、「難しさを体験せよ」ということだと私は理解した。

「本当にやさしくプレーする」とはどういうことか。

野球とは、イニング、アウトカウント、ボールカウント、ランナーの有無とその位置などさまざまな状況ごとに攻め方、守り方が変わってくるし、さらに相手バッターやピッチャー、ベンチの心理状態なども読んだうえで作戦を考えなければならない。つまり、突き詰めれば突き詰めるほど、複雑かつ難しくなっていく。

けれども、いざ試合に臨むときは、単純に簡素化してプレーする必要がある。**複雑なことほど、単純に、やさしく処すべきであるのは、野球にかぎったことではない。**

しかし、そのためには、野球を徹底的に突き詰め、その複雑さ、難しさを知り、乗り越えなければならない。これが「難しさを体験せよ」という意味である。

すなわち、あえて難しい道を選び、その難しさのなかで苦しみ、身悶えをしながら、苦労に苦労を重ねてこそ、真のやさしさを知り、そこにたどり着くことができるのだ。とくに頭も身体もまだ凝り固まっていない二十代、三十代の前半は、そう心得ていたほうがいい。

「仕事と人生は切り離して考えることができない」

それが持論の私は、「野球以上のものを自分のなかに蓄積せよ」と選手たちに言い続けてきた。野球を通して社会を学び、人間を学び、そのなかでもまれて苦労しながら、野球を追究していってはじめて、本物の野球の奥深さ、広さに到達でき、究めることができる——そのように考えていたからだ。

「やさしい道と難しい道があったら、あえて難しい道を選べ」

そう言った人がいる。仕事に臨むにあたっては、そして人生を歩んでいくにあたっては、つねにそのような覚悟で臨むべきだと私は思う。

第2章

「失敗」と書いて「せいちょう（成長）」と読む

結果よりプロセスを大切にせよ

不景気が続いて、世の中に余裕がなくなったのか、最近はなによりも結果が求められる傾向がある。結果さえ出せば、万事ＯＫ、数字さえあげれば何をしようとかまわない……そんな考え方が主流になっているようだ。成果主義というのか、残した結果によってすべての評価が決まってしまうらしい。

もっとも、プロ野球をはじめとする勝負の世界は昔からそうで、まさしく「勝てば官軍」であるといっていい。それでも昔は球団側にチームがつくられるのをある程度は待つだけの度量があった。けれど、いまは一、二年でいい成績をあげなければ監督は即座にクビを切られてしまう。だから、よその球団のエースや四番をかきあつめたり、ひたすら選手をほめておだてて気分よくプレーさせたりするケースが増えている。

しかし、結果の裏側にあるものは何か――。プロセス、すなわち過程である。**よい結果を生むためには、よいプロセスを踏むことが必要であり、きちんとしたプロセスを踏むからこそ、よい結果が出る**のだと私は考えている。

逆に言えば、きちんとしたプロセスを経ないで生まれた結果は、よいものであっても、たまたまであり、次もうまくいくとはかぎらない。というより、うまくいかないと断言してもいい。ほんとうの実力がついたわけではないからである。

「**プロフェッショナルのプロとは、プロセスのプロ**」

そう考えていた私は監督時代、プロセスの大切さをうるさいほど選手たちに訴えてきた。具体的に説いたのは準備の大切さであった。

「**一に準備、二に準備**」

「**そなえあれば憂いなし**」

毎日のように選手たちに言ったものだった。

たとえば、バッターボックスに向かうとき、どんな準備をするべきか。イニング、得点差、アウトカウント、ランナーの有無。最低限これらの諸条件くらいはどんなバッターでも考慮する。もう少しきちんとしたバッターなら、相手ピッチャーのタイプ、特徴、性格および心理状態などのデータを頭に入れておくだろう。

そうした状況をつき合わせた結果、「狙いはストレート」という結論が導きだされたとする。並のバッターは、これで「準備が整った」と思ってしまう。

しかし、私に言わせれば、これでは不十分なのだ。

「ストライクのストレートだけを狙う」

「ストレートを上から叩く（バットのヘッドが下がらないように）」

というように、二段構えの準備をすればヒットにできる確率がより高くなる。

そこまでして、はじめて「準備が整った」と言えるのである。

かりにもプロのピッチャーが、簡単に打てるボールを投げてくるわけがない。

どんな一流バッターでも、一〇回のうち七回は失敗するのである。しかし、どんなにいいピッチャーにも失投はある。その失投を確実にモノにできるかどうかが、一流と二流を分ける。そして、失投を確実にモノにするために必要なのが、入念にして周到な準備にほかならない。打席に入る前からすでに戦いははじまっているのである。

準備とは、言葉を換えれば「意識づけ」である。専門家に聞いたところでは、意識には有意識と無意識があるそうだ。前者は顕在意識、後者は潜在意識と言ってもいいと思うが、人間の行動というものは、九対一の割合で無意識に左右されるのだという。

何も考えずにただ来た球を打つこと、つまりピッチャーの投げてきた球に身体が勝手に反応するのを無意識のなせる業だとすれば、「狙い球をしぼる」といった準備は有意識による行動と言える。そして、**バッティングという行動において有意識が占める割合が高くなればなるほど、無意識で打つよりも失敗す**

る確率は低くなっていくはずだ。

「ストレートを狙う」と決めただけでは、まったくの無意識で打つよりはマシ、という程度でしかない。それではストレートが来たというだけで「しめた！」と思ってしまい、ボール球や難しいコースに手を出したり、身体が開いたり、下からあおったりして打ち損じることが多い。そうならないために、先ほど述べた二段構えの準備が必要なのであり、これがきちんとしたプロセスをたどるという意味なのだ。

強いチームというのは、試合中、味方の攻撃になってベンチにいるときであっても、選手が漠然とゲームを見ていたり、休んだりしていることはない。つねに相手バッテリーの動きや配球をチェックしたり、相手ベンチの動きを探ったりと、あらゆることに気を配っている。そうした集積が強い組織をつくるのである。

むろん、しっかりしたプロセスを踏んで準備をしても、必ずしもうまくいくとはかぎらない。が、**ただ漠然と目の前の仕事に取り組むのと、しっかり準備**

をしてそなえるのとでは、成功する確率は格段に変わってくる。

なにより、人間というものは「何が悪いのか、どうすればうまくいくのか」を試行錯誤し、創意工夫することで技術が向上し、その過程で人間としても成長する。**人はプロセスによってつくられるのである。**

たしかに結果は大切である。だから、どうしても目先の結果にとらわれがちになるのが人情かもしれない。だが、結果第一主義で取り組むと、どうしても精神主義に陥ってしまう。過程を重視してこそ成長・進歩につながるのである。だから、とくに若い時代は多少遠回りに見えたとしても、きちんとしたプロセスをたどるほうが、長い目で見れば大きな成果につながる――私はそう信じている。

「一」にこだわれ

「〝一〟を大事にせよ」

私は選手たちに言い続けてきた。シダックス時代の教え子である野間口貴彦《のまぐちたかひこ》が巨人に入団する際にも、「〝一〟にこだわれ」という言葉を贈った。数字の「一」である。**「一」はすべてのはじまりであり、すべてと言っても過言ではないからだ。**

ボールカウントにしても〇－〇から二－三まで、全部で十二種類ある。キャッチャーとしての体験から言うが、バッテリーがいちばん嫌な感じがするのは、打ちごろの一－二でも絶体絶命の〇－三でも、プレッシャーがかかる二

－三でもない。〇－〇、すなわち一球目である。なぜなら、バッターの意図や狙いが見えにくいからだ。ストレートを狙っているのか、内角に的をしぼっているのか……バッターがまだ何の反応も見せていないから、相手の考えていることが読みづらいのだ。

「一球、一球、根拠のあるサインを出せ」

私は繰り返しキャッチャーに要求してきたが、一球目は、どんな球を投げさせるべきなのか、その根拠を見出すのが非常に難しいのである。

ところが、試合を見ていてお気づきかもしれないが、初球を意外と無防備に見逃すバッターが多いのである。それも、ど真ん中のストレートのような絶好球を……。せっかくの優位な状況を無駄にしているのだ。二〇一二年に二〇〇〇本安打を達成した稲葉篤紀でさえ、若いころはそういう悪癖があった。

一流のピッチャーを攻略するには、たまにくる失投を確実にとらえることが大切だ。監督から「初球は待て」の指示が出ていないかぎり、しっかりした準備と集中力をもって、打って出るべきなのだ。それなのに、一球目のストライクを、何も考えず見逃すなど、愚の骨頂というしかない。そういうことを避けるために、「一を大切にせよ」と私は言い続けてきたのである。

その意味で思い出すのが、一九九七年の巨人との開幕戦だ。この年、巨人は清原和博やエリック・ヒルマンなどを獲得する大補強を敢行していた。対してヤクルトは前年は四位。下馬評も高くなかった。しかも、先発が予想されるエース・斎藤雅樹《さいとうまさき》にいいようにカモにされていた。

だからといって手をこまねいて開幕戦に大敗でも喫すれば、「やっぱり巨人には勝てないのか、斎藤は打てないのか」と選手の士気が下がり、そのままズルズルといってしまう可能性があった。

けれども、逆に勝つことができれば、選手たちは自信を取り戻し、勢いがつく。つまり、この開幕戦は、シーズンのはじまりであると同時に、シーズンのすべてを決すると言っても過言ではなかったのである。是が非でも勝ちたかった。

結果としてヤクルトは、私が斎藤攻略法を叩き込んだ小早川毅彦《こばやかわたけひこ》の三連発などで斎藤をノックアウトし、大勝した。そして、そのまま開幕ダッシュに成功し、リーグ優勝に突っ走ったのみならず、日本シリーズでも常勝・西武を下し、日本一になったのである。前年は七勝一九敗と大きく負け越した巨人にも、一九勝八敗と勝ち越した。「一」を大事にし、こだわったからこそ得られた結果であった。

『老子』の三十九章には、こういう一節がある。

天は一を得て以《もっ》て清く、地は一を得て以て寧《やす》く、神は一を得て以て霊に、谷は一を得て以て盈《み》ち、万物は一を得て以て生じ、侯王《こうおう》は一を得て以て天下の貞《てい》と為《な》る。そのこれを致すは一なり。

そう、**「一」ははじまりであり、基本であり、本質、すべてでもある。**「一」がなければ「二」「三」もないし、「一」の内容と結果がその後を決めてしまうことすらあるわけだ。

バッティングを例にとろう。練習でも実戦でも、バッティングは膝、腰、肩、腕、手首という順序で運動が行われる。つまり、膝が一、腰が二、肩が三……というわけだが、バッターというものはとかく一、二を飛ばして、三、四、五で打ってしまいがちだ。ひどい場合は、四がいちばん先にくることさえある。

これでは、まともなスイングなどできるわけがない。膝、腰を使ってこそ、肩、腕、手首もスムーズに動くのだ。

それでは、どうすればいいのか――**簡単な話である。「一」を意識すればいいのだ**。そうすれば、おのずと二、三、四、五も連動してスムーズに進んでいくはずなのである。

何事も、ただ漠然と行ったり、先を急いだりせず、「一」を意識して取り組めば、結果はずいぶん違ってくるはずなのだ。

加えて「一」は、「一心」「一路」「一徹」「一筋」といった、じつに力強い言葉にも通じる。その意味でも、「一」という言葉を大事にし、意識することを、人生の前半から身につけ、日々を過ごしてほしいと思う。

小事が大事を生む

一流選手に共通することはいくつかあるが、すべての一流選手が備えている資質としてあげられることがひとつある。

「小事を大事にする」

ということである。

たとえば、落合博満《おちあいひろみつ》。彼がバッターボックスに入るときの仕草を憶えている人は少なくないだろう。球審の後ろからバッターボックスのラインの角度をたしかめたり、慎重に軸足を決めたりと、ものすごく神経を遣っていたものだ。

バットをつくってもらっている工場にわざわざ出かけ、実際にグリップを握ってみて、「ちょっと感触が違う」といっては、一ミリにも満たない、ほんの一皮の違いを指摘している姿をテレビで見たこともある。

イチローにもそういうところがあるのは、みなさんもお気づきだろう。バッターボックスでの立ち方やバットの振り方ひとつからも、彼が小事に気を配っているのが見て取れる。毎年少しずつではあるがフォームを変えていたのも、少しでも理想に近づこうという意欲の表れだと思う。

一見、豪放磊落《ごうほうらいらく》に見える張本勲《はりもといさお》も、バッターボックスでの立ち位置をものすごく気にしていた。彼は、軸足の位置をホームベースを基準にしてバットで計って決めていた。私はバッターに何事かつぶやき、集中力を乱そうとする、いわゆる「ささやき戦術」をよく使ったが、張本に対してはささやくのをやめた。私がささやくと、集中力を乱されるというので、いつまでたってもバッターボックスに入ろうとしないからだ。

ほかにも、私が南海に入ったときの名ショートで、「百万ドル内野陣」の一角を担っていた木塚忠助《きづかちゅうすけ》さんは、新聞記者などが自分のグラブに少しでも触ると、カンカンになって怒っていた。西武、ヤクルトで活躍した辻発彦《つじはつひこ》も、自分のグラブは型くずれしないよう、いつもロッカーにピシッと置いてあったものだ。

天才はめったにいない。ほとんどの人間は凡人である。不器用である。そういう人間がいい仕事をし、人より抜きん出ていくためには、「小事」「細事」が非常に「大事」になる。

バッティングでいえば、バットの握りをほんの少し変えるだけで、あるいはグリップの位置が高いか低いかで、スイングはまったく変わってくる。

守るときにしても、一流の野手は、キャッチャーがピッチャーに要求する球種やコース、バッターのタイプなどによって微妙に守備位置を変える。そうすることによって、本来ならグラブが届かなかったかもしれない打球を処理できるようになり、ピンチを未然に防ぐことになるのである。

メジャーリーグ最後の四割バッターとなったテッド・ウイリアムズは、その独自の打撃論をしるした著書のなかで、このように述べている。

「私はピッチャーが振りかぶるときには、すでに七、八割はどんなボールを投げてくるかわかる」

そして、こう続けている。

「ピッチャーはキャッチャーのサインを見終わって振りかぶるときには、すでにストレートを投げるか、変化球を投げるか、百パーセント決めているはずだ。それは、小さな変化となって現れる」

私はこの「小さな変化」をピッチャーのクセだと解釈した。翌日、さっそくブルペンでピッチャーのボールを受けながら観察してみると、どんなピッチャーもストレートを投げるときと変化球を投げるときでは、ボールの握り方はもちろん、フォームが微妙に違うことがわかった。そのことに気づいた私は、対戦するピッチャーのクセを徹底的に調べあげ、バッティングに活かしたのである。

ただ、稲尾だけはどうしてもクセがわからなかった。しかし、友人に頼んでネット裏から十六ミリカメラで稲尾のフォームを撮影してもらい、すり切れるほど見た結果、直球かスライダーか、はわかるようになった。ワインドアップして頭上で両手を組む際、ボールの白い部分がやや大きいときはスライダー、やや小さいときは直球であることが判明したのだ。

じつに些細なことである。しかし、その小事に着目したことで、私は大の苦手としていた稲尾と互角の勝負ができるようになったのだ。

天才でないかぎり、いきなり大きな仕事はできない。目標というものは、一足飛びに達成できるものではない。小事を積み重ねていくことで、徐々に、しかし着実にかたちになっていく。

あのイチローでさえ、二〇〇四年にメジャーリーグのシーズン最多安打記録を更新したときのインタビューで、こう語っていた。

「小さなことを大切にしていかないと、頂点には立てない」

まさしく、「小事が大事を生む」のである。

人間の最大の悪、それは「鈍感」である

「小事を大事にする」ためには、小事に気がつかなければならない。当然、一流選手はみな、小事に気づく感性にすぐれている。これには例外はない。逆にいえば、**鋭い感性を持たない人間は、少なくとも持とうとしない人間は、絶対に一流にはなれない**のだ。

技術だけでは二割五、六分を打つのが精一杯だった私が、ホームラン王のみならず三冠王までをも獲得できるようになったのは、配球の傾向を調べたりピッチャーのクセを発見したりといった小事に着目するようになったからである。

選手が伸びるかどうかは、ベンチにいるときの様子を見ていればたいていわかる。**相手のピッチャーやバッターを見て、「あっ!」とつぶやくような選手は必ず伸びる**。つまり、「投げ方がおかしい」とか「いつもよりバットを短く持っているぞ」とか「引っぱりにきているな」というふうに、視点がよく、何かしら感じているのだ。古田《ふるた》敦也《あつや》などは、つねにいろいろな角度から試合を見ていて、自分のプレーに活かしていたものだ。

「人間の最大の悪とは何であるか。それは鈍感である」

ロシアの文豪、トルストイの言葉を引いて、私はたびたび口にする。

一流選手とは、修正能力にすぐれた選手のことを指すといってもいい。つまり、同じ失敗を二度と繰り返さない。二度繰り返す者は二流。三度も四度も繰り返す人間は、しょせん三流、四流にしかなれない。これは野球選手にかぎったことではない。

なぜ同じ失敗を繰り返すかといえば、失敗した原因に気づかないからだ。それ以前に、失敗を失敗と認識することすらできないのである。これでは進歩も成長もない。だからこそ、「人間の最大の悪は鈍感」だといえるのだ。

キャッチャーのミットをめがけて、ボールを投げた。キャッチャーが構えたところから大きくそれた。そこには、必ず原因がある。そこに気づかないと、いつまでたっても狙い通りのところに投げられるようにはならない。

まさしくそんなピッチャーがかつてヤクルトにいた。いまは解説者としてそれなりに活躍しているので名前を出すのは控えるが、そのピッチャーは、球威はあるけれど、コントロールが悪かった。キャッチャーが外角低めに構えているのに、何度投げても高めに行ってしまう。

「どうして思うところに投げられないのか、何か感じることはないのか？　身体が開いたとか、上体が突っ込んだとか……」

私は訊ねた。しかし、彼は頭をひねるばかり。

「何も感じないのか？」

そう問いかけると、「はい」と頷いたので、今度はこう訊いてみた。

「じゃあ、次にまたキャッチャーが外角低めを要求したらどうするんだ？」

すると彼は言ったのだ。

「〝今度は絶対にそこに投げてやる〟と思って投げます」

しかし、その程度で思ったところに投げられるのなら、誰も苦労しないのだ。

彼が思ったほど大成しなかったのも、こうしたところに大きな原因があったと私は思っている。

「失敗した」「思うようにできない」――これには必ず原因がある。その原因究明にあたることが最重要で、最初にやるべき作業なのである。こんなあたりまえのことに気づかない選手が、いかに多いことか。そして、そんな選手のほとんどは「気迫だ」「気合だ」と口にするのである。

「感動は人を変える源泉である」といわれる。そして、「感動」の語源は、「感」即「動」であるという。つまり、**感動とは「感じて」即「動く」こと**なのである。逆にいえば、感じなければ人は動かないし、変わることもない、ということになる。

近年は、人間が、とくに若い人たちが鈍感になっているように思えてならない。道を歩いていても、非常に無防備だし、何より周囲からどう見られようといっさい気にしない人が増えている。周りの人間がどのように感じているのか推し量る気がないどころか、その必要性すら感じていないように見える。感じなければ、それをあらためようとするわけがない。

その原因にはやはり、世の中があまりに豊かになったことがあると思う。要するに、**いまの日本人はありがたいことをありがたいと思わなくなっているのだ。それでも生きていけるのである。**それに、黙っていても親や教師、コーチなどが手取り足取り教えてくれる。**感じて気づく前に、答えが用意されている。**

私などの世代は、貧しさ、ひもじさを知っているから、今日のような豊かさのありがたさが身にしみてわかるし、コーチなんていなかったから誰も教えてくれない。いきおい、自分から感じて動くしかなかったが、生まれたときから豊かさのなかで育ち、自分から求めなくても何でも与えられてきた人間には、その状態があたりまえであり、ありがたさがわからない。だから、何も感じず、どんどん鈍感になっていく。言い換えれば、こういう時代を〝平和ボケ〟というのではないだろうか？

むろん、そういう時代なのだからしかたがない。貧しさを無理やり体験させるわけにもいかない。だからこそ、**若いうちから、自分から感じようとする努力や「感性を磨く」ことが求められる**のである。

「プロ野球選手の寿命は短い。引退後のことを考えておけ」——監督として私が選手たちにそう言い続けたのも、「引退後はこうなりたい」という夢や希望を強く持っていれば、感性が磨かれると考えたからだった。

メモをつけよ

もう十年ほど前だろうか、何気なくテレビを見ていると、池山隆寛《いけやまたかひろ》が出ていた。何を話すのかなと思っていたら、ノートを積み上げて、彼はこう言った。

「これがいまのぼくの力になっています」

そのノートはヤクルトの選手時代に、監督である私がミーティングなどで話したことを書き留めたノートだった。

まさか池山がそこまで真剣に話を聞いていたとは想像していなかったので、私は驚くと同時に、「あの池山がなあ……」と、非常に感慨深かった。

ヤクルトの監督を務めていたときのキャンプで私は、毎日、「野村の時間」

というのを一時間取り、さまざまなことを選手たちに叩き込んだ。内容は、野球のことはもちろんだが、それ以上に人としてどう生きるかというような、いわゆる人生訓が多かった。

「人間的成長なくして技術的進歩なし」と考えていたからだ。**もっといえば、野球を通じて選手たちの人間形成を促したかったのである。**

ホワイトボードに私が板書した内容を、選手たちにノートに書かせた。学生時代にはろくに字を書いたことがないような選手がほとんどだったが、彼らは懸命にメモを取っていた。池山がテレビで披露したノートは、数年間にわたって書き留めたものだったのだ。

近年、メモの効用が見直されている。現役時代から私は、「メモ魔」といっていいほど、ことあるごとにメモを利用していた。

きっかけは、ホームラン王を獲った後の二年間、成績が伸び悩んだことだった。これまで何度も述べたように、読みの精度を上げることに活路を見出そうとした私は、毎晩、試合が終わってから相手バッテリーの配球やクセなどを細かく記していったのである。

その後、そうしたことだけでなく、あらゆることを書き留めるようになった。ミーティングなどでポイントだと思われたことや、練習中や試合中にパッとひらめいたこと。移動中に目についたことや耳にしたこと。本を読んだり、人の話を聞いて感銘を受けたこと……。興味を惹かれたことは何でもメモにしていった。

では、なぜメモが大事なのか。

第一は、**メモすることが癖になると、「感じること」も癖になる**からだ。

前述した通り、人間が成長するためには、「感じて動く」ことが欠かせない。メモは、その感じたことを書き留めたものであり、それを見直すことは、感じたことを確認することであると同時に、もう一度、新たに感じることでもあるのだ。

第二に、**人間は忘れる生き物だから**である。人間の記憶力ほどあてにならないものはない。たいがいのことは翌日にはもう忘れている。しかも、自分の都合のいいように事実をねじ曲げる。

だからメモとして残しておくことが大切なのであり、私は寝ているときもテレビを見ているときも、気がついたことをすぐに書き留められるよう、必ず近くにノートと鉛筆を用意していた。

第三に、これは試験勉強などで多くの方が実感されていることだと思うが、**書くことで、脳に刻み込まれる情報量が、たんに読んだり聞いたりしただけのときより格段に増える**のだ。

このことについては、いまなお後悔している思い出がある。じつは阪神の監督になったときも毎晩ミーティングでさまざまな話をしたのだが、横着して、ヤクルト時代のように自分で板書したものを選手にノートに取らせることをせず、あらかじめ内容を印刷したテキストを選手に配布し、それをもとに話をしていった。そのため、選手は自分でペンを動かさなくてもすみ、結果としてあまり頭に残らなかったようなのだ。ある人にも「それではダメだ」と言われた。「学生時代、いくら参考書を買ったって、開かなかったでしょう。それと同じです。自分で手を動かさないと、ほんとうには身につかないものなのです」

タイガースで結果を残せなかったのには、こんな理由もあった。だから、楽天では「自分でノートを取れ」と命じた。とくにキャッチャーの嶋基宏《しまもとひろ》には厳しく言った。

「〝何月何日には、こういうバッターと対戦して、こういうことがあった〟と、必ずその日のうちに全部書いて、野球日誌をつくれ。書かないと忘れるぞ」

嶋がその後、楽天の中心選手に成長したことは、このことと無縁ではないと私は思っている。いうなれば、**メモは連想を呼び、さらに想像（創造）力を刺激する**のである。

池山だけでなく、当時のノートをいまでも大切にしている選手はけっこう多いらしい。なかでも阪神タイガース時代にワンポイントリリーフとして活躍した遠山奬志《とおやましょうじ》などは、以前、毎日持ち歩いていると語っていた。

ただ、ひとりだけ、ほとんどメモを取らなかった選手がいた。長嶋《ながしま》一茂《かずしげ》である。ペンを動かすことは動かしていたが、マンガや落書きをしていたようだ。もっとも、そんな彼も、巨人に移籍してから、こうもらしたことがあったと聞いた。

「やっぱりメモしておけばよかった……」

「失敗」と書いて「せいちょう（成長）」と読む

結果よりプロセスを重視する私は、したがって「結果論」で選手を叱ることだけは強く戒めていた。プロである以上、結果を問われて当然ではあるが、結果「だけ」を見て評価を下すことは絶対になかったと自信を持って言える。

バッターが三振した。結果としては最悪である。しかし、**どういうプロセスをたどって三振という結果に至ったのかによって、その三振の意味はまったく違ってくる**。

何の準備もせずに、ただ来た球を漠然と打ちにいって三振したのであれば、もはや何をか言わんや。本来ならば防げたかもしれないミスを自分の不注意で犯してチームに迷惑をかけたのだから、容赦なく叱った。これを見逃しては、次も同じ失敗を繰り返すだけだ。たとえよい結果が出たとしても、準備を怠った選手を私は絶対に許さなかった。

しかし、ボールカウント、アウトカウント、相手バッテリーの配球の傾向、心理状態などを考慮し、さらに先に述べた二段構えの準備をして打席に臨んだうえでの三振ならば、何も言わなかった。むしろ、ほめた。

三振という結果だけを見て叱ってしまっては、選手は「次は三振だけはしないようにしよう」とマイナス思考になってしまう。失敗を恐れるようになってしまう。結果、三振を逃れるために小手先のバッティングに走ったり、打てる球は何でも手を出したりするようになる。それではその選手の長所まで失わせかねないし、監督の顔色ばかりを気にするようになる可能性がある。下手をすれば監督に対して反抗的な態度をとるようになることすら、あるだろう。

バッテリーに対しても同様だ。たとえば、ピンチのときの初球は外角ボール気味のスライダーを投げるなどして、様子を見るのが定石だ。バッターの狙い、相手ベンチの動きを探るためにも、そうするべきなのだ。にもかかわらず、初球から真ん中にストレートを投げたりしたときは徹底的に説明を求めた。

結果として、それが裏目に出てもかまわないのである。データを活用し、そのときの状況や相手バッターの心理状態も加味したうえで、つまりしっかり準備をしたうえで、きちんとした「根拠」のある配球をして打たれたのなら、しかたがない。

人間は機械ではないから、読み間違えたり、コントロールミスしたりすることもある。どんなに完璧に準備したつもりでも、百パーセント成功することはありえない。要は、〝正しい努力〟をしているかどうか、なのである。

結果に至るプロセスが正しければ、それでいい。次は成功する確率のほうが高いはずだ。

したがって、選手が自分なりに考え、工夫し、努力したうえでの失敗に対して監督がとるべき態度は、本人が失敗の原因に気づくよう、仕向けてやることにほかならない。

「惜しかったな。あそこがいけなかったんじゃないか。次はこうしてみたらどうだ？」

そんなふうにアドバイスし、励ますことである。

人間とは、失敗してはじめて自分の間違いに気づくものだ。逆に言えば、失敗しなければなかなか反省しようとはしない。失敗を経験することで、どうしてうまくいかなかったのか、何が悪かったのか、真剣に考える。

成功したときは、どうしてうまくいったのか、何がよかったのか、振り返ることはあまりないはずだ。スランプのときなどに、調子がいいときのビデオを見たりすることでよいイメージを取り戻そうとすることはあるし、私自身、勝ったときに勝因は何だったのかと考えることがなかったわけではないが、そんなに深くは突き詰めなかった。負けたときに較べれば、原因解明に対する真剣味がまったく違った。

やはり成功から学ぶことより、失敗から学ぶことのほうがはるかに多いのだ。

武田《たけだ》信玄《しんげん》も言っている。

負けまじき軍に負け、亡ぶまじき家の亡ぶるを、人みな天命という。それがしに於いては天命とは思はず、みな仕様の悪しきが故と思ふなり

たとえ敗れても、不運だったとか天命だとか言ってあきらめたり、負け惜しみを言ったりすべきではない。戦に負けるのも、家が滅ぶのも、やり方が間違っていたからである。負けには必ず敗因があるのであり、それを分析しなければならない。そういう意味だ。

「**勝ちに不思議の勝ちあり。負けに不思議の負けなし**」

私はよく言うが、勝利にはラッキーで勝利を拾うものがあるけれど、敗北には必ず原因がある。だから、勝ったときは謙虚な気持ちを忘れず、負けたときには「なぜ?」と敗因を突き詰め、分析し、対策を講じることで、勝ちにつなげることが大切なのである。

「〝失敗〟と書いて〝せいちょう（成長）〟と読む」

私がそのように語る所以はここにある。

失敗したら、それを反省し、次につなげるための糧とすればいい。その過程で人間は成長していく。闇雲に失敗を恐れては、進歩も成長もないのである。

勝利の女神は言い訳を最も嫌う

前項で私は、「失敗を恐れるな」と述べた。失敗することで人間は間違いに気づき、同じ失敗をしないためにはどうすればいいのか考え、工夫することで成長する。失敗しても命までとられることはないし、成功してダメになった人間はいくらでもいるが、よほどのことがないかぎり、失敗してダメになった人間はいない。

ただし、失敗したということは、少なくともその瞬間は勝利の女神に見放されたということだと言っていい。だから、できるだけ早く戻ってきていただかなければならない。

では、勝利の女神が最も嫌うものは何だろうか――。

「言い訳」であると私は思っている。失敗に対して、自己弁護したり、他人に責任を転嫁することを、勝利の女神は最も嫌っているように私には思えるのだ。

「言い訳をするは易しく、言い訳を聞くは腹立たしい」

そういう言葉がある。失敗を認めるのはつらい。他人から叱責されれば、つい言い訳をしたくなる。けれど、失敗と向かい合い、何が悪かったのか、きちんと反省しなければ、同じ失敗を繰り返すし、なにより言い訳は聞き苦しい。聞かされている人間はたまったものではなく、その人間を軽蔑し、一緒に仕事をしたいとは思わなくなるだろう。

どうやら、勝利の女神はとりわけそういう傾向が強いらしい。その証拠に、**私が見るかぎり、言い訳をする選手は伸びたためしがない。**

たとえば、ピッチャーがホームランを打たれて、ベンチに帰ってきて監督からキャッチャーが怒られたとする。

「どうしてインコースに投げさせたんだ!」

そのとき、「自分はアウトコースを要求したのに、ピッチャーが投げ損なってインコースに放ったんです」というふうに、打たれたのをピッチャーのせいにするようなキャッチャーは、周囲からの信頼を得られないのは当然であるが、あるところで成長も止まる。

アウトコースに正確に投げられるだけのコントロールがないピッチャーなら、別のボールを投げさせればいい。与えられた環境を嘆いたり、「しかたがない」とあきらめたりするのではなく、そのなかでどうすれば少しでも成功に近づけるか——それを考えることで、創意工夫が生まれるし、結果を自分の責任として受け入れることで、二度と同じ失敗はしなくなる。

それが、進歩であり、成長するということなのだ。言い訳をしたり、責任を他人に転嫁したりしてしまっては、失敗を次に活かすことができないのである。

別にいい子ぶるわけではないが、現役時代の私は、打たれた責任は全部キャッチャーである自分がかぶるようにしていた。むしろヘボなピッチャーを受けるときほど燃えたものだ。

「とにかくストライクを放れるようにしろ。あとはおれがなんとかしてやる」

そう言って、箸にも棒にもかからなかったピッチャーを何人も、何回も勝たせてきた。

キャッチャーとしては私の愛弟子といえる古田敦也は、非常に自信家だったので、若いころは「おれは悪くない」と考えているように見受けられないではなかった。しかし、いつしか言い訳をしなくなった。それどころか、いつだったか「ストライクさえ投げられれば、おれがなんとかしてやる」とピッチャーに言っているのを聞いて、「どこかで聞いたセリフだな」と、思わず笑ってしまったことがあったほどだ。だが、**その気持ちがキャッチャーとしての彼を成長させたことは間違いない**。

たしか司馬《しば》遼太郎《りょうたろう》さんの小説で読んだと記憶しているが、鹿児島弁では言い訳のことを「議」というそうだ。

昔の薩摩藩には、城下の子弟を教育する郷中制度というものがあり、男に生まれた者は幼少時から集団で生活し、さまざまな教育を受けた。そのなかでは、先輩に対して言い訳をすることはいっさい許されず、「議ば言な」と言われたとたん、どんなに理があっても口をつぐまねばならなかったらしい。いまはどうか知らないが、私と同年代くらいの鹿児島出身者に訊くと、やはり「議を言うな」という教育を受けたという。

また、すぐれた経営者に共通する資質も、「ローカス・オブ・コントロールが内側にある」ことだという。行動を統制する意識が自己にあるのか、他者にあるのか——。すなわち、**かりに事業に失敗したとしても、その原因と責任を外部に求めるのではなく、自分に求めることが一流の経営者の特徴なのである。**

「自分の選択した方法以外に、このように対処できた可能性があった。にもかかわらず、その選択肢を取らなかったのだから自分が悪いのだ」

そういうふうに思考できるのが一流の経営者なのである。そうであるからこそ、たとえ失敗してもすぐに次の行動に移っていくことができるわけだ。

「天は自ら助くる者を助く」という。「他人に頼らず、自分ひとりで努力する者を天は助け、幸福を授ける」という意味だ。

実際、勝利の女神はとびきりいい耳を持っているようで、少しでも言い訳めいたことを口にした人間には、二度と近づかない。長年にわたって勝負の世界で生きてきた私の実感である。

だから、つい言い訳をしたくなったときは、まず「ごめんなさい」「すみません」と謝ってしまうことだ。「ごめんなさい」「すみません」という言葉は、口にしたとたん、言い訳を自動的に断ち切る効用を持っているからだ。

とにかく、「**言い訳は進歩の敵**」――そう心得ておくべきである。

固定観念は悪、先入観は罪

別に自慢するつもりはないが、私はイチローがオリックスに入団してきたときから注目していた。当時、彼は無名だったが、オリックスとのオープン戦のとき、たまたまフリーバッティングをしているのを見かけ、「いい選手だな」と思ったのである。

私の高校の後輩がオリックスのフロントにいたので、彼に訊ねると、鈴木《すずき》一《いち》朗《ろう》という外野手で、高校を卒業したばかりの十八歳だという。オリックスも大いに期待しているようだった。

「久々に高卒の野手が一年目から活躍するかもしれないな」

楽しみにしていたのだが、その後いっこうに名前を聞かない。気になったので、翌年、再びオープン戦でオリックスと顔を合わせたとき、後輩に訊いてみた。

「あの鈴木という選手はどうしたんだ?」

すると、「監督が使わないのです」という。どうやらバッティング・フォームが気に入らないらしい。イチローは、そのころから、のちに彼のトレードマークとなる〝振り子打法〟でピッチャーに対峙していた。

「あんな打ち方では、一軍のピッチャーの球が打てるわけがない」

当時の監督は決めつけていたのである。

しかし、言うまでもなく、その後イチローは後任監督となった仰木《おおぎ》彬《あきら》に抜擢され、大活躍することになるわけだが、じつは私が監督を務めていたヤクルトも、高校時代のイチローをチェックはしていた。しかし、ドラフト指名のリストからは外された。なぜか――彼をピッチャーとしてしか見ていなかったからである。

オリックスの監督とヤクルトのスカウトに共通することとは何か——固定観念と先入観である。

「バッティング・フォームとはこうあるべし」という固定観念と、「彼はピッチャーである」という先入観。ためにイチローは少なくともオリックスで開花しなかった可能性があり、ヤクルトはみすみす金の卵を逃すことになったのだ。

「固定観念は悪、先入観は罪」

まさしくそう言っていいのである。

だからこそ、選手を見るとき私は、いっさいの固定観念と先入観を排するようにしていたわけだが、じつはこれは、自分が仕事に臨むときにもあてはまる箴《しん》言《げん》といえる。

若かりしころの話である。試合前、私は相手のベンチに行き、中西太さんや山内《やまうち》一弘《かずひろ》さんといった、当時の名だたるホームランバッターのバットをこっそり握ってみたことがあった。ホームランバッターにあこがれ、みずからもそうなりたかったので、彼らがどんなバットを使っているのか興味があったのである。

するとひとつ共通点があった。いずれもグリップが細いのである。それで私も同じようなバットを使うようにしたのだが、まったく成果が出なかった。

当時は、バットなどの用具はすべて自分で買わなければならなかった。まだ給料が安かった私は、先輩に使い古しのバットをもらうことが多かった。そのなかの一本に、グリップの太いバットがあった。たまたまグリップの細いバットが残っていなかったので、仕方なく使ってみると、じつに気持ちよく打てた。

そのとき、私は気がついたのである。

「おれは、〝ホームランバッターはグリップの細いバットを使うもの〟という固定観念、先入観に縛られていたのではないか……」

知識は多いほどいい。知らないより知っていたほうがずっといい。けれども、固定観念と先入観は百害あって一利なしである。それからというもの、私は何をするときでも、いっさいの固定観念と先入観を排して臨むことにした。少しでもいいと思ったことは何でも貪欲に試してみる一方、自分に合わないと思ったら、「よい」とされていることであっても、受け入れなかった。

選手にもそうすることを薦めた。たとえば、私がヤクルトの監督になったころは、シュートを投げるピッチャーが非常に少なかった。

「シュートを投げると、ひじを壊す」

そういう固定観念が蔓延していたのだ。ピッチャーもそういう先入観を持っているから、投げたがらなかった。

しかし、現役時代、私がもっとも苦手としたのが内角に食い込んでくるシュートだった。ただ打ちにくいだけでなく、シュートを意識させられると、外への変化球の対応がおろそかになる。カーブやスライダーなどとペアで使われると、非常にやっかいなのだ。

これは、ピッチャーからすれば大きな武器となる。そこで私は、そのころシュートを最大の武器にしていた数少ないピッチャーのひとり、元巨人の西本《にしもと》聖《たかし》に訊いてみた。

「シュートがひじを壊すというのはほんとうか？」

「まったくの誤解です。シュートはひじを使うのではなく、人差し指で曲げるんです」

西本はきっぱり答えた。意を得た私は、ヤクルトのピッチャーにシュートをマスターさせた。川崎《かわさき》憲次《けんじ》郎《ろう》や吉井《よしい》理人《まさと》などはシュートを覚えたことで再び輝きを取り戻したし、阪神では遠山奨志がもうひと花咲かせることになった。


中国にこんな言葉がある。

「**断じて敢行すれば、鬼神も之を避く**」

決意をもって臨めば、鬼神もおそれて避けるという意味である。固定観念と先入観を排し、勇気を持ってチャレンジしないことには、何も得られないし、成長もないのである。

最後は頭が一流と二流を分ける

三割打つバッターと二割五分しか打てないバッターの差はどのくらいあるか――。

一〇〇回打席に立つとして、三割バッターのほうがヒットを五本多く打つ。それだけの違いなのである。五分の差というのは、それだけなのである。

ところが、この差を埋めるのがじつに難しい。アベレージ二割五分のバッターは掃《は》いて捨てるほどいるが、三割となると数えるほどしかいない。しかし、だからといって「無理だ」とあきらめてしまうのはもったいない。なんとかしてその差を補わなければならない。

では、そのために必要なこととは何なのか――。

じつは、私自身が二割五分しか打てないバッターの典型だった。プロ三年目にレギュラーとなり、四年目にはホームラン王になった。打率も三割を超えた。

「さあ、これから」

そう思った矢先だった。突然打てなくなった。理由は単純。相手のマークが厳しくなったからだ。

私は猛練習によって、テスト生からホームラン王になった。だから、このときも「もっと練習しなければダメだ」と思い、以前にも増して練習したが、三割にはまったく近づかなかった。それどころか五年目と六年目は打率が下がり、ホームランも激減、三振が一気に増えた。

とくにカーブが大の苦手だった。あまりに空振りが続くので、私が打席に向かうとお客さんから「カーブが打てないノ・ム・ラ!」と大合唱で野次《やじ》られる始末。最後は夢のなかにもカーブのお化けが出てきて、完全にノイローゼになった。

当時はコーチなんかいなかったし、鶴岡監督に訊ねても、「ボールをよく見て、スコーンと打てばいい」と言うだけ（じつは非常に大切なことではあるのだが）。ならばと、今度は大毎オリオンズのミサイル打線の一角を担っていた山内一弘さんに「カーブの打ち方を教えてください」と教えを乞うたが、「そのうち打てるようになるよ」と教えてくれなかった。

そこで私は「なぜ打てないのか」、もう一度考えた。そうして、「どうやら自分はプロでやっていくには不器用すぎる」という結論に達した。

要するに、ストレートのタイミングで待っていたところにカーブが来ると、咄嗟《とっさ》に身体が反応できないのだ。

それまでは相手が私のことをナメてかかっていたので、何も考えないで投げてきたが、タイトルを獲ったことで、それなりに警戒するようになり、単純な攻め方はしてこなくなった。つまり、研究されるようになって、手も足も出なくなってしまったのである。

私にかぎった話ではないが、すべてのバッターの課題は、「変化球への対応」にある。これを克服できるかどうかで、三割を打てるか二割五分で終わるかが決まると断言していい。

変化球に対応する方法は、バッター個々によって異なる。長嶋やイチローならば、自然に身体が反応するだろう。しかし、**私の技術力はせいぜい二割五分を打つ程度しかなかった。となれば、あとは創意工夫と努力しかない**。

私は気がついた。

「〝咄嗟に反応できない〟とは、裏を返せば、〝狙った球が来れば打てる〟ということじゃないか」

三たび私は考えた。

「狙い球をしぼるには、どうしたらいいのだろうか……」

出てきた結論はこうだった。

「読みの精度を上げればいい――」

私が相手バッテリーの配球を徹底的に研究・分析するようになったのは、それからだった。相手ピッチャーのフォームのクセもみつけようとした。そのために、友人に頼んで相手ピッチャーのフォームを撮影してもらったりもしたものだ。当時は精神野球が全盛で、そんなことをやっている選手はほかにいなかった。そうやって読みの精度を上げることで、私はそれまでよりヒット数が増え、タイトルを獲れるまでの結果を出せるようになったのである。

「**技術力には限界がある**」

私はよく言う。そして、その次にはこう続く。

「**頭脳に限界はない**」

伸び悩んだり、才能の限界に突き当たったりしたときにどうするかで、その人間の価値は決まる。「もうダメだ」とあきらめてしまうか、それとも「どうすればこの壁を突破できるか」と考えるか——一流と二流はそこで分かれる。

「**あきらめが役に立つときはたったひとつ。それは新しくやり直すときだけ**」

と心得ておくべきである。

「こうなりたい」という理想の自分と現在の自分との差を明確にし、すなわち課題を正しく認識し、それを補い、克服するための方法論を必死に考え、それにもとづいて日々の行動を変えていく——大切なのはそこだ。三十代半ばまでにこれができたかどうかが、その後の人生を決めるといっても過言ではない。

パスカル（フランスの哲学者・数学者・物理学者）が言う通り、まさしく「人間は考える葦」なのである。

第3章

満は損を招き、謙は益を受く

満足は最大の敵

伸び悩んでいる選手には共通点がある。「自己限定」はそのひとつである。**「自分の力はこの程度だ」「これで精一杯だ。これ以上は無理だ」「このくらいやれれば十分だ」……。私の経験からいって、伸び悩んでいる選手は、ほぼ例外なくそう思い込んでいる。**

それでは、なぜ彼らは自分の力や可能性を勝手に限定してしまうのか――「現状に満足しているから」である。

ならば、どうして彼らは満足してしまうのか――プロ野球選手になれたこと、あるいは一軍にいることで達成感を感じてしまっているからである。

もちろん、そのように私が指摘すれば、全員が「そんなことはありません。一所懸命やっています。まじめにやっています」と答えるだろう。けれども、私にはそう見える。**彼らが「一所懸命やっている」「まじめにやっている」というならば、「一所懸命」と「まじめ」のレベルが下がっているのである。それを慢心というのである**。

プロ選手でいるかぎり、そこそこの成績をあげていれば、世間一般よりずっといい生活ができる。プロ野球選手ということで、周囲がちやほやしてくれる。となれば、こんなふうに思ってしまうのも不思議ではない。

「もうこれで満足だ。これ以上苦しい思いをしなくてもいいや……」

そうやって現状に「満足」してしまえば、「この程度でいい」と低いレベルで「妥協」するようになる。その妥協が、「これ以上は無理だ」という「自己限定」につながっていくのである。そう、**満足は成長への最大の足かせ**なのである。

テスト生としてプロ入りし、まったく期待されていなかった私が、なんとか四十五歳まで現役を続けられたのは、「満足」することが一度もなかったからという理由が大きい。

「ブルペンキャッチャーから一軍に這い上がるには練習しかない、二十四時間の使い方だ」と思い、誰よりもバットを振り、身体を鍛えた。なんとか一軍に上がってからは、二度と二軍には落ちたくないと、よりいっそう懸命に練習したし、ヒットを打つ確率を上げるために、相手ピッチャーのクセや配球の傾向を徹底的に研究した。当時、そんなことをやっている選手はほかにいなかった。

キャッチャーとしては「一日三ゲーム」を自分に課していた。まずは試合前に、頭のなかで一回から九回まで相手打線と勝負する。「このバッターなら一球目はこう入って、次はこう、勝負球はこれだな」というふうに、ひとりずつ攻略法を考えながらイメージしていくわけだ。これが「**予測野球**」。

二ゲーム目はもちろん、実際の試合（**実戦野球**）。

それが終わったら今度はもう一度最初から最後まで試合を振り返っていく

（反省野球）。「予測野球」通りに「実戦野球」が進むことはまずない。そこで、「何が悪かったのか」「どこで配球をミスしたのか」といったことを一球一球、丹念に検討していくのである。

こうして「反省野球」をしていくと、「この球を打たれたのは、ここに伏線があったのか」とか、「ここはストレートで押さずに変化球を投げさせておけばよかった」とか、いろいろな発見がある。それを次に活かすわけだ。この「反省野球」だけでゆうに一時間以上はかかった。また、それが楽しい時間だったのである。

一般に、キャッチャーという人種は理想が高い。私自身、自分でも完璧主義者、理想主義者であると思う。プレーボールの声がかかると、毎試合完全試合を頭に描いていた。フォアボールを出したら、次はノーヒットノーラン、ヒットを打たれたら、じゃあ完封……というふうに、つねに目標を設定していった。そのために四六時中バッターを研究し、理想の配球を追い求めていたのである。

そうした自分の理想を実現するためには、満足している暇なんか私にはなかったのだ。

そもそも、「これ以上は無理です」「自分の力はこの程度です」などと軽々しく口にするなと言いたい。

「限界」というものは、それこそ血を吐くような努力をしてはじめて突き当たるものである。ところが、たいがいの人間は「正しい限界」を知る前に努力するのをやめてしまう。そしてうまくいかなかった理由を才能に求め、あきらめてしまう。「自分にはもうこれ以上は無理だ」と……。

しかし、私に言わせれば、それはたんに「未熟」なだけなのだ。**「限界」と「未熟」を混同してはいけない**。

「自分は理想に向かって、ほんとうに極限まで努力をしているのか?」

自分にいつもそう問いかければ、満足することなどありえない。

プロ野球選手になれた、希望する大学や会社に入れた、望む仕事に就けた、というのは、終着点ではない。スタート地点に立ったにすぎないのである。そこを勘違いしてしまうと、満足→妥協→自己限定という負のスパイラルに陥ってしまい、せっかくの持てる才能を存分に開花させることなく終わってしまう可能性があることを忘れてはいけない。

「もうダメだ」ではなく「まだダメだ」――つねにそのように考えるべきなのだ。

新到三年、皓歯を見せず

「新到三年、皓歯《こうし》を見せず」という言葉がある。

皓歯とは、白い歯のこと。つまり、「**何をするにしても、少なくとも三年間は白い歯を見せることなく、歯を食いしばって、無我夢中で取り組みなさい**」という意味である。どんな道に進むにしても、そういう時期がなければ、大成することなどありえないのだ。

そのことで思い出すのが、柏原純一《かしわばらじゅんいち》という選手である。

柏原は、私が南海の監督だった一九七一年に高卒の外野手として入団してきた。甲子園のスターだった同期の島本講平《しまもとこうへい》に較べれば、まったく注目されていなかったが、私は買っていた。というのは、コーチが熱を入れて島本の指導をしていると、いつのまにか柏原がそばにやってきて、熱心に見ているのである。自分にも活かそうとしていたのだ。それで見どころがあるなと思った。

事実、三年目に一軍の試合に出場するようになった柏原は、六年目に一二四試合に出場、レギュラー・ポジションをほぼ手中にした。ところが、翌年、極度の不振に陥ってしまった。

「いったい、どうしたのだろう……」

私が心配に思っていると、どこからとはなしに柏原が毎晩のように飲み歩いているという噂が耳に入ってきた。

監督としての私は、基本的には選手の自主性にまかせていた。しかし、このときはあえて彼の自宅を訪れることにした。それは試合後であったが、案の定、彼は帰宅していなかった。しかたなく奥さんと話をしながら待っていると、本人から電話がかかってきた。

「いまごろまで、どこをうろうろしているんだ！」

電話を代わってもらうと、私は受話器越しにどやしつけた。しかし、柏原は「おまえは誰だ⁉」と逆に私に問いかける始末。

「バカもの！　監督の声もわからんのか！」

大急ぎで帰宅した柏原に言ったのが、先の「新到三年、皓歯を見せず」という言葉だった。

人間の成長の過程には、「ホップ」「ステップ」「ジャンプ」という三つの段階がある。「ホップ」とは、会社員でいえば、入社したてのころ。その時期には仕事の内容を覚え、基本的な知識やスキルを身につけなければならない。**いわば基礎固めの時期が「ホップ」である。**

基礎ができたら、**次は「ステップ」。身につけた知識とスキルを実際に行動に移す時期であり、さまざまな経験を積んでいく。**

そしていよいよ「ジャンプ」。それまで培った経験の蓄積をもとに、自分なりのやり方を開拓し、大きく飛躍する時期である。そのためには、脇目もふらず、がむしゃらに仕事に取り組むことが必要であり、それをしたかどうかで、その後の人生が大きく変わってくる。白い歯を見せずに、徹底的に仕事に打ち込むことが非常に大切なのである。

柏原は、まさしくこの「ジャンプ」の時期にあった。ようやくレギュラーをつかみかけ、花開こうという時期を迎えていた。とすれば、二十四時間野球のことを考え、それこそ死に物狂いで野球に取り組まなければならない。

にもかかわらず、彼は遊び惚けていた。レギュラーを手中にしかけたことで、慢心していた。それではせっかく開きかけた花が満開になることなく散ってしまう。だからこそ私は、あえて自宅まで乗り込んで諭そうとしたのである。

「監督の近所に引っ越したいのです」

柏原の奥さんから電話がかかってきたのは、そのすぐあとだった。

「主人を朝から晩まで野球づけにしたいのです」

新婚の奥さんはそう言った。ふたりで相談して決めたのだという。そして、実際に私と同じマンションに転居してきた。

必然的に、試合の前もあとも、マンションの前で素振りをすることが多くなったし、隣に住んでいた江《え》夏《なつ》豊《ゆたか》も交えて野球について語り合うこともあった。

こうして野球だけに打ち込んだ結果、柏原は大きく成長した。その年かぎりで私が監督を解任され、彼も日本ハムファイターズに移籍することになったのだが、いきなり四番をまかされ、自己最高の成績をマーク。その後も日本ハムの中軸を担うことになったのである。

これには、あの時期に一心不乱に野球に取り組んだことが大きかったと私は信じている。

「自分は一人前になった」

そんなふうに感じたときほど、落とし穴にはまりやすい。そういうときこそ、すべてを捧げる覚悟で仕事に没頭すべきなのである。

明確な目標が意欲を引き出し、意欲が潜在能力を刺激する

「私は一度も満足することがなかった」と先に述べた。これには、目標が明確だったからという理由が非常に大きい。

私がプロ野球の世界に飛び込んだ最大の動機は、大金を稼ぐことだった。父親を早く亡くした私は、大金を稼いで、苦労して育ててくれた母と、進学をあきらめて働くことで私に野球をやらせてくれた兄に恩返しがしたかった。

それで最初は歌手になろうと考えた。実際、中学に入学すると音楽部に入ってコーラスをやってみた。けれど、楽譜は読めないし、何より高い声が出ない。「一度声をつぶすと高い声が出るらしい」と聞いて、毎日海に向かって大声を

張りあげてみたが、全く変わらなかった。そこまでやってもいっこうに上達せず成績も上がらない。「おれには音楽の才能はないな」と感じ、あきらめた。

そこで次は映画スターを目指すことにし、映画を観に行ってはセリフを覚えたりして、物真似で演技の練習をはじめてみた。しかし、いまならともかく、当時の映画俳優は二枚目ばかり。鏡を見ているうちに、どう考えても自分が役者としてやっていけるとは思えなくなった。「この顔じゃあ、無理だな」と。

それで、このふたつに較べれば、まだ少しは才能があると思った野球で身を立てたいと考えたのだが、たくさんお金を稼ぐためには、一流にならなければいけない。そこから一流選手になって大金を稼ぐことが私の明確な目標となった。

「**そのためには、どうすればいいのか。何をしなければならないのか**」

そうやって目標を達成するための方法を徹底的に考え、自分なりに努力したからこそ、野球選手としてそれなりに実績を残すことができ、貧乏から抜け出すだけのお金を得ることができたのだ。

そう、**「こうなりたい」「これがしたい」という目標こそが、人間の意欲を引き出す源泉となる**。すなわち、みずから物事に取り組むための原動力となる。そして、その意欲こそが、その人間の持つ潜在能力と可能性をなによりも刺激し、引き出してくれるのである。

目標とは、言い換えれば「動機づけ」である。これが弱いと、いくら高い潜在能力と強い意志を持っていようと、それを活かすことはできない。ほとんどの人間は元来、怠け者だから、必要のないことはしないからである。だからこそ、明確かつ具体的な目標を持つことが非常に大切になってくるわけだ。

しかし、これだけ豊かな世の中に育ったいまの若者たちに、私が抱いていたようなハングリー精神を持てといっても不可能だ。したがって、「自分はいったい何のために野球（仕事）をしているのか」と自問自答し、目標を明確にすることが必要となる。

そのために私は選手たちにいつも問いかけた。

「きみは、将来どんなバッター（ピッチャー）になりたいのか？」

「**何勝したいのか（何割打ちたいのか）？**」
「**いくら年俸をもらいたいのか？**」

プロ野球選手としてのそれぞれが目指すところを具体的に口にすることで、目標を明確にさせようとしたのである。

中国の『書経』という書物にこういう言葉がある。

「**満は損を招き、謙は益を受く**」

「満足すれば思考が止まる。思考が止まれば進歩が止まる。つねに謙虚な気持ちを忘れず、目標に向かって努力し続けろ」という意味だと私は解釈している。

それができる人間を「一流」と呼ぶのである。

したがって、仕事においては目標を高く置き、つねにより高みを目指して努力し続けることが大切であることは言うまでもないのだが、「もっと上へ、さらに上へ」と上ばかり見ていると、自信がいつしか過信やうぬぼれになっていることに往々にして気がつかないものだ。

そこで私は、常日頃から自分をこう戒めている。

「進むときは上を向いて進め。暮らすときは下を向いて暮らせ」

仕事をするときは、高く掲げた目標に向かって、まっすぐ、そして妥協することなく、歩んでいくべきである。しかし、ふだんの生活では、謙虚に下を向いて暮らすほうがいい。

なぜなら、下を見て暮らしていれば、自分よりはるかに不幸な人、恵まれていない人、苦しんでいる人、病気やつらい目に遭っている人がたくさんいることに気づくからである。すると、自分がどれだけ幸せなのか、どれほど恵まれているのか、ということがわかる。それがわかれば、少しくらい思い通りにならないからといって不平不満を感じ、愚痴っている自分が恥ずかしくなり、同時に、他人の痛みを思いやれるようになる。すなわち、感謝する心が生まれ、人にやさしくなれるのである。

「人間」という言葉にはさまざまな意味があるのだろうが、「人のあいだで生きている」という解釈も成り立つはずだ。つまり、人間はひとりでは生きていくことができないのであり、直接、間接を問わず、われわれはさまざまな人の恩恵を受けているはずである。

上ばかり見ていると、そのことを忘れがちになる。そうならないためにも謙虚な気持ちと態度をつねに持ち、下を向いて暮らすことが大切なのである。「満は損を招き、謙は益を受く」という教えは、そういう意味でもあると私は思っている。

未熟者にスランプなし

「わたし、いま落ち込んでいるの」

若い人たち、とくに女性がよくそんなふうに言う。落ち込んでいるから、さぞや暗い顔をしているかと思いきや、じつにうれしそうにそう言う。きっと、あなたの周りにもいるのではないか。

どういうことなのか、ずっと理解できないでいた。

「なぜ、落ち込んでいるのにうれしそうなのだろう……」

かねがね不思議に思っていると、ある女性経営者の方が答えを教えてくれた。

「あれはね、ひとつのファッションなのよ」

そういって、その女性は続けた。

「女って、〝自分はなんて不幸なんでしょ〟〝自分ほどかわいそうな女は、この世の中にはいない〟と思い込むことで、ヒロインになったような気分に浸れるのよ」

「なるほど」と私は思った。つまりは、自己憐憫なのである。

だが、考えてみれば、それは若い女性だけの傾向ではない。世の中全体がそうなっているように感じられる。プロ野球選手も決して例外ではない。

「自分はいま、スランプなんですよ」

そう口にする若い選手をときおり見かける。たしかにどことなく元気がないように見えるが、だからといって、危機感を持ってその原因を真剣に究明したり、いっそうの猛練習を課したりするわけでもない。要するに、**「スランプだからしょうがない」と、不振の理由を「スランプ」という言葉で片付けてしまっているのだ**。

監督をしていたとき、若い選手が「スランプ」という言葉を口にするのを聞くと、決まってこう叱りつけたものだ。

「バカもの！　おまえにスランプなんかあるわけがないじゃないか」

断言してもいい。

「未熟な者にスランプなどありえない」

未熟者とは、仕事に対する熱意や研究心に欠ける者のことをいう。そうであるがゆえに、ちょっとつまずいただけで、大げさに、しかも軽々しく「スランプ」だと思い込んでしまう。そして、つまずきの原因と向かい合うことを避け、「スランプ」という言葉のなかに逃避してしまう。自分を甘やかしてしまう。

若い女性や学生なら、それでもいいかもしれない。自分を憐れんで、いい気分になっていてもかまわないかもしれない。しかし、かりにもプロ野球選手として、あるいはビジネスパーソンとして金をもらっている者が（もちろん、女性も含めての話だ）それでは困るのである。

スランプとは、その仕事について四六時中考え、研究や工夫、努力を怠らず、それなりの実績を残した人が、それでもよい結果を出すことができなくなってはじめて、口にすることが許される言葉である。

未熟者の場合は、「たんにつまずきをこじらせただけ」なのだ。

にもかかわらず、未熟な者ほど「スランプ」という言葉を口にする。考えてみれば、それも道理で、ほんとうのスランプとはどういうものかを知っている人は、知っているからこそ、かんたんに「自分はスランプだ」と思わないのに対して、未熟者は、ちょっとでも結果が出ないと「スランプ」ということにしてしまうからだ。

その証拠に、「自分はスランプだ」という人間が、「スランプ」になる前にどれだけの成績をあげていたのかといえば、これがたいがいはたいしたことがないのである。

たとえば、何年も三割をマークしていたバッターが、二割五分しか打てないとなったら、これはスランプといっていいだろう。しかし、二割二分しか打ってないバッターが、二割を切ったからといって、それはスランプとはいえない。

ところが、そういう選手にかぎって、「おれはスランプだ」と言いたがるのだ。

「冗談言うな！」——である。**巨大な落差なくして、スランプなどとは口が裂けても口にしてはいけない**のだ。

したがって、「スランプ」だと感じたときには、いま一度、自問自答したほうがいい。

「自分は、スランプだと言えるだけの実績をあげているのか？　うまくいかない原因と向かい合うことから逃げてはいないか？　慢心して努力を怠っていないか？」

それでも「これは本物のスランプだ」と思ったときは、どうすればいいか——。

「自分はスランプになることができる人間になったのだ」と素直に喜べばいい。

「それだけの価値がある人間なのだ」と胸を張ればいい。

だが、同時に、そこに至った過程をいま一度点検し、原因究明を行うことを絶対に忘れてはいけない。どんなにつらくとも、悪い自分から逃げてはいけない。しっかりと向かい合い、正視しなければならない。

だが、その作業がすんだら、あとは楽観することだ。波とは、頂《いただき》と底があってこそ波なのであり、底を経験すれば、次は頂に向かうしかない。そう信じることが大切だと私は思う。

最後にもう一度言う。

「**くれぐれもスランプと未熟を混同するな。未熟者にスランプなど存在しないのだ**」

つねに問題意識を持つ習慣をつけ、指示待ち族になるな

試合中、ピッチャーが直面する場面には何通りあるか、おわかりだろうか？一死一塁、一死一、二塁、一死満塁……というふうに数えていくと、二十四通りになる。そのなかでランナーがいないケースがいくつあるかといえば、無死、一死、二死のたった三つに過ぎない。それ以外のケースは、セットポジションで投げることになる。そうであるならば、日頃の練習の段階からランナーがいる場面を想定して準備しておくべきなのだ。

にもかかわらず、たいていのピッチャーはピッチング練習のとき、漠然とワインドアップで投げている。こちらが指示しなければ、セットポジションで投

げようとしない。あるいは、コントロールに不安があるのに、何も工夫せず、ノルマをこなすかのように漠然と投げているピッチャーもいる。

練習とは、試合で起こりうる状況を想定して、たとえば「最低五球続けてストライクが入るまでは練習をやめない」というように、自分なりに課題を与えながら行うべきなのに、たいがいの選手はそこに気がついていない。

なぜか——。ただ与えられる練習をこなしてきただけで、それを何のためにやるのか、自分にはどのような練習が必要なのか、そのためにはどうすればいいのか、**問題意識を持って考えるという経験をしたことがない**からである。

よく言うのだが、技術力には限界がある。百メートルを八秒台で走れるランナーはいないし、時速二百キロのボールを投げられるピッチャーもいない。打率四割をマークしたバッターすら、日本にはまだいないのである。

そもそも、天才でないかぎり、人間の能力は大差ないと私は思っている。プロ野球の世界でいえば、プロになれるような選手はたいがい、ある程度のレベルまでは達する。

では、さらに高いレベルに到達する選手と、そこで終わってしまう選手の違いとは何か——。

頭である。考える術なのだ。どれだけ問題意識を持って能動的に物事に取り組めるか、ということである。

一九九三年、ヤクルトは西武を破って日本一になった。しかし、試合前のバッティング練習を見て、まだまだヤクルトは発展途上のチームであり、西武との実力には大きな差があるなと痛感させられた。

西武の選手はみな、充分に素振りをしてからトスバッティングに臨んでいた。しかも、コーチではなく、選手が交互にトスをし合っている。それも内角、外角、高め、低めと、考えて投げ分けていた。要するに、**試合を想定して、しっかりした目的と意図を持ってトスバッティングをしていたのである。**

その後、代わって練習に入ったヤクルトの選手たちは、素振りをすることなくいきなりケージに入り、バッティングピッチャーの投げるボールを、ただ気持ち良さそうに打ち返していた。

自軍の選手ながら、見ていて恥ずかしくなった。何も考えていないことが歴然としていたからである。

たかが試合前のバッティング練習と思われるかもしれない。しかし、そうした小さなことの積み重ねで野球というスポーツは成り立っている。すでに述べたように、小事が大事を生むのである。

最近の選手を見ていると、当時のヤクルトよりもっとひどくなっているように思えてしまう。いや、野球選手にかぎったことではない。若い人たち全般が、問題意識を持って能動的に物事に取り組むという意欲が希薄であるように見える。**受け身の人間が多いのだ**。

やはり世の中が豊かになり、しかも核家族化が進んだことに原因があるのだろう。われわれの時代は貧しく、親も生きるのが精一杯だったから、子どものことなどかまっている暇はなかった。私が言われたのは、せいぜい「早く起きろ」ということくらいで、あとはほったらかし。「勉強はどうだ」とか「これを着ていけ」とか「弁当を持ったか？」とか、そんなことはいっさい訊かれた記憶はない。ケガをして帰ってきても、「どうしたんだ？」とも訊かれなかった。それがふつうだった。

だから、子どもはなんでも自分で考え、行動するしかなかった。「自主性を持て」とか「自立しろ」なんて、ことさら強調しなくても、自然にそういうものが身についた。

プロ野球の世界だって、私が入ったころはコーチなんかいなかった。私自身、バッティングにしろ、リードにしろ、誰かに教わったことはないし、ましてや「野球とは何か」という話なんて、誰からも聞いたことがない。

一度、鶴岡監督に「こういう場面ではどんな配球をしたらいいんですか？」と聞いたことがあった。監督はこう答えただけだった。

「勉強せい！」

以来、一度も人に訊ねたことはない。全部自分で勉強した。結果として、それがその後の私の財産となった。

対して、いまはなんでも親や学校がかまってくれるし、「こうしなさい」と指示を出してくれる。プロ野球にもあらゆるコーチがいて、手取り足取り教えてくれる。一般の会社だって、似たようなものだろう。世の中全体が豊かになったから、贅沢を言わなければ、自分から道を開かなくても食べていくのにも困らない。

こういう状況では、「指示待ち族」が増えるのも無理はない。自分で考え、行動する必要性がなかったのだから、問題意識など持ちようがないし、習慣として身につくはずがない。

だから私は監督時代、いつもベンチでブツブツぼやいていた。「ここは外角だな」とか「次は落としてくる」というように、一球一球、相手の配球や作戦についてつぶやくことで、考える習慣をつけてこなかった選手たちに、考えるためのヒントを与えようとしたのである。「こういうところを見るんだよ、こういうふうに考えるんだよ」というふうに……。

結果として、**私のぼやきを聞き、自分に活かした選手は大きく伸びた**。その代表が古田敦也である。彼は言っていた。

「監督のひとりごとを全部いただいたおかげで、三割打てるようになりました」

古田はベンチではいつも私のそばに座っていた。私は彼を一流のキャッチャーに育てようとはしたが、バッティングについてはまったく期待していなかった。しかし、私のぼやきを聞くことで、問題意識を持つことの重要性に気づき、考える術を身につけた古田は、バッターとしても首位打者を獲るまでに成長したのである。

考える習慣がないのなら、問題意識を持つことができないのなら、その習慣を身につけようとしなければいけない。持てるようにならなければならない。指示を待つのではなく、みずから能動的に課題に取り組むようにならなければならない。それができないかぎり、一定以上のレベルを超えることは不可能だと私は思う。

もっと女を口説くべし

やや古い言葉になってしまったかもしれないが、近年は「草食系男子」なる人種が増えているらしい。異性に対してはもとより、何事にもガツガツせず、背伸びしない若い男性をそう呼ぶのだという。

その言葉を聞いたとき、「ああ、野球選手にもあてはまるかもしれないな」と思ったものだ。いまの選手を見ていると、女性に対してはともかく、こと野球に対する取り組み方にかぎって言えば、ずいぶんと淡白になっていると感じていたからである。少なくとも、われわれの時代の選手たちと較べれば、探究心や向上心が薄らいでいるように見える。

振り返ってみれば、昔の選手は総じて「肉食系」だったなと思う。ガツガツと貪欲に野球に――おそらく女性にも――取り組んだ。戦争を経験した人はもちろん、直接は経験していない選手にもまだまだハングリー精神が横溢《おういつ》していた。うまいものを腹一杯食おうと、少しでも生活のレベルを上げようと、みんなが野球に全身全霊を傾けた。

ところが、いまはそれほどがんばらなくてもそこそこの生活はできる。下手にがんばってケガでもすれば、選手生命が終わってしまう。実際、昔の、とくにエースピッチャーは毎日のように酷使された結果、選手寿命を縮めてしまったのは事実である。稲尾和久や杉浦忠《すぎうらただし》がその代表例だ。

それゆえ、いまは「細く、長く」という考え方をする選手が多くなった。江《え》川卓《がわすぐる》が出てきたころから、無理してまで働きたくない、給料以上のことはしない、という選手が多数派になった。

よくいえば、**いまの選手はとてもまじめだ。身の丈を知っている。しかし、プロとしてそれだけではダメなのだ**。それは現状に満足していることにほかならない。いまの野球は昔に較べると迫力も個性も乏しくなったとよく言われるが、それには選手が満足しているという理由も多分に影響しているのではないか。

昔の肉食系選手はよく働いたが、同時によく遊びもした。私は野暮だったから、遊びは控えめだったし、むしろそういう選手たちを嫌悪していた。反面教師にしていた。だから、いまの選手たちに「昔の選手を見習え」などと言ったことはいっさいないし、いまも言う気はない。けれど、こう命じたことはある。

「もっと女を口説け」

決して冗談ではない。半分は本気だ。いまなおそう思っている。

なぜか——女性を口説くのには、野球に通じる部分が少なくないからである。女性を口説くためにはどうすればいいか。ただやみくもに迫ればいいというものではないだろう。それなりに戦略を考えなければならない。そのためには相手の性格や好みなどの情報を集め、分析することが必要だ。それらをもとに、どういうアプローチをしたら振り向いてもらえるか、ベストな方法を選択しなければならない。行き当たりばったりでは、よほどの美男子でないかぎり、モノにできる確率は低くなる。

野球もそうだ。美男子＝天才であれば、まったく準備することなく、ただ来た球を打つだけでもいいだろう。が、並の選手がそれではそうかんたんにヒットを打てるものではない。一六〇キロのストレートと高速スライダーを投げられるピッチャーなら、コースを狙わなくても打者を抑えられるかもしれないが、ふつうのピッチャーはそうはいかない。**相手の情報を収集・分析し、攻略法を講じなくてはならないのだ。まさしく女性を口説くのと同じである。**

そしてこれは、野球以外のどんな仕事にもあてはまるのではないか。新しい取引先（＝意中の女性）を獲得するには、あるいはシェアを拡大していく（＝並みいる恋敵に勝つ）ためには、目をつけた企業（＝女性）のあらゆる情報を集め、ニーズに沿うというか、より先回りしてニーズをとらえたプレゼンテーションを行わなければならないはずだ。一度くらいすげなくされたからといってあきらめず、根気強く、つねにアプローチすることが求められる。マメな男がモテるというのは、こういう作業を厭わないからではないだろうか。昔から「英雄、色を好む」というけれど、その所以もこのあたりにありそうな気がしないでもない。

もちろん、「女を口説け」と言ったのはひとつの例で、別に対象が女性でなくてもかまわないが、**何事にも強い興味を持てば、必ず新たな発見がある。**何も得るものがないということはありえない。

たしかに、希望が見出しにくい時代ではある。遮二無二《しゃにむに》がんばっても得るものが少ないのが現実かもしれない。だから、ガツガツしないで、そこそこ楽しく過ごせれば幸せ、と若者が考えるのも理解できないわけではない。

しかし、それでは進歩も成長もない。たとえ見た目は草食系であっても、精神までそうなってはいけないと私は思うのだが……。

努力しなければと思っているうちは本物ではない

現役時代、私は何度も壁にぶちあたった。もともと、特別な野球の才能に恵まれていたわけではなく、しかも不器用であったため、思うようにいかないことはしばしばあった。そのたびにどれだけ悩み、苦しんだことか。「なんとかしなければいけない」と必死にもがいたものだった。

しかし、だからといって、「努力しなければいけない」とか、「耐えなければいけない」とは思わなかった。「つらい」とも感じなかったし、「苦労している」とも考えなかった。それどころか、「楽しい」と感じたほどだった。

「忍耐」の裏にあるものは何か――それは「希望」であろう。

繰り返すが、私は大金を稼いで、家族を楽にしてやりたいという一心でプロ野球の世界に身を投じた。

「一流になれば、その夢が実現する」

その希望のほうが、努力や忍耐にともなう苦痛やつらさよりははるかに大きかった。だから、努力することや耐えることはあたりまえだと考えていた。「努力しなければいけない」とあえて自分を追い込み、奮い立たせなくても、自然と努力できたし、「耐えなければいけない」と自分に言い聞かせなくても、耐えることができた。「自分は努力しているのだ」とか「つらいことに耐えているのだ」とさえ、感じなかったのである。

「苦労」とは、「しなくてもいいことで苦しむ」ことを指す。たとえば、少年時代の私が、貧乏な家計を助けるために新聞配達やアイスキャンディ売りのアルバイトをせざるをえなかったことを言うのである。

そうしたアルバイトは、だから非常につらかった。「やらなければいけない」と自分を鼓舞しなければならなかった。

しかし、野球はそうではない。強制的にやらされたわけではないし、必要のためにしなければならなかったわけでもない。ましてやプロの球団から「ぜひうちに来てくれ」とスカウトされたのでもない。自分から望んで南海ホークスのテストを受け、入団したのである。プロ野球選手はあこがれの職業だったのだ。

であれば、その野球で一流になるために努力すること、耐え忍ぶことを「苦労」と言っていいわけがない。

食うために、ほかのことをする必要はないのである。野球だけをやっていればいいのだ。なによりも好きな野球のことだけを考え、没頭していればいい。新聞配達やアイスキャンディ売りに較べれば、天国だった。だから、傍目にはどんなに苦しそうに見えたとしても、つらそうに感じられたとしても、私には「楽しかった」のである。

だから、私に言わせれば、「**あたりまえのことをあたりまえにするのがプロ**」ということになる。

そういえば、最近のスポーツ選手も、ことあるごとに「楽しみたい」と口にする。いわく「オリンピックを楽しみたい」。いわく「オールスターを楽しみたい」。いわく「日本シリーズを楽しみたい」……。

それを批判するむきもあるが、私は決して悪いことではないと思っている。私自身、リーグの違う王貞治や長嶋茂雄と対戦できるオールスターをいつも楽しみにしていたし、メジャーリーガーと戦える日米野球などはそこにいるだけで夢のようだった。「楽しみたい」と口に出すことで、緊張を解き、プレッシャーを緩和する意図もあるのだろう。

ただ、「楽しみ方」には二通りある。英語でいえば、「ENJOY、エンジョイ」と「FUN、ファン」である。聞くところによると、このふたつは明確に違うそうだ。

「ファン」とは、文字通りの「楽しみ」。つまり、趣味を楽しむとか、テレビのお笑い番組を見たり、映画を観に行ったりして、楽しい時間を過ごすといったようなことである。

対して**「エンジョイ」には、「持てる力をすべて出し切る」というニュアンスが含まれるという。スポーツの試合などで全力を尽くすことで充実感を得られる。それが「楽しい」のである。**だから、たとえ負けても楽しかったと感じることもあるわけだ。

スポーツ選手にかぎらず、プロフェッショナルとして仕事に臨むとき、どちらの「楽しみ方」をするべきか――いうまでもない、「エンジョイ」である。したがって、いまの選手が「エンジョイ」の意味で「楽しみたい」と発言しているのならいい。しかし、どうも私には、彼らが「ファン」の意味で口にしているように思えてならないのだ。それでは、満足な結果など出るわけがないし、人を感動させることもできない。

要するに、「努力をしなければいけない」とか「ここは耐えなければいけない」と思っているうちは、言葉を換えれば、**努力を努力だと思っているうちは、**

まだまだ半人前なのである。「ファン」の意味で「楽しみたい」と言っているようでは、ろくな結果が出る道理がない――そのように考えておいて間違いはない。

進歩とは「変わる」こと。変わる勇気を持て

監督時代、私は選手たちを四つのタイプに分けて観察していた。

ひとつめは、「**親からもらった天性だけに頼っている選手**」。つまり、生まれ持った才能だけで勝負しようとする選手のことである。子どものころから、つねに陽の当たる道を歩いてきた選手に多いタイプといえる。

ふたつめは「**自己を限定して生きている選手**」。「自分はこんなものだ」とか「この程度できればいい」と考えるタイプで、前にも述べたように、プロ野球選手になったことで満足してしまう選手がその代表といっていい。

三つ目が「**意気込みだけはある選手**」。最も多いのがこのタイプで、とにか

く元気で、気合いさえあればなんとかなると信じている、精神野球の権化のような選手のことを指す。

そして最後が、「**らしく生きる選手**」。常識や節度を大切にし、つねに努力と創意工夫を怠らない選手。要するに、人間らしく生きている選手、プロらしく生きている選手のことである。

言うまでもなく、理想は四つ目の「らしく生きる選手」である。ところが、このタイプは残念ながらじつに少なかった。ほとんどの選手がそれ以外のタイプのどれかにあてはまるか、もしくはふたつの要素を併せ持っていた。

たとえば、池山や広澤克実《ひろさわかつみ》は天性と意気込みで生きていこうとする典型だった。私には、非常にもったいなく思えた。せっかく才能を持っているのに、それを最大限に引き出しているようには見えなかった。

「あれだけの天性があるのだから、らしく生きることを目指せば、本人にとってもチームにとっても有益なのに……」

そう感じざるをえなかった。

ふたりに共通していたのは、「変わる気がない」ことだった。

「ずっとこれでやってきましたから、いまのままでやってみせます」

なまじ才能に恵まれ、それなりの実績を残してきただけに、そのように考えていた。

ふたりにかぎったことではないし、野球選手にかぎったことでもないと思うが、**もうひとつ伸び悩んでいるように見える人間は、たいてい「変わろう」とする意欲に欠ける。もしくは、変わるのを、変えるのを怖がる。**

とことんダメなら思い切って変わろうとするのだが、いまのままでもそこそこ結果が出ているので、変わる必要を認めないか、「変えたらかえって悪くなるのではないか」と思ってしまうのである。

若いうちは、よく言えば頑な、悪く言えば考え方に柔軟性がない。ひとつの考え方、やり方に固執し、すぐにでも結果が出ないと、「ぼくにはできません」と性急に結論を出してしまう。

しかし、それではそこで終わってしまう。「もっと伸びたい」という意欲がなければ、そして伸びるためには「何でもやる」という強い意志がなければ、気力体力も充実し、ノビシロのあった二十代を過ぎてからはとくに、伸びるものも伸びなくなってしまうのである。

その点、貪欲だったのが古田敦也だった。彼もまた、池山や広澤ほどではないにしろ、天性と意気込みで生きてきたタイプで、しかも自信家だったが、同時に**器用さと柔軟性も併せ持っていて、変わることを厭わなかった。よいと思ったことは何でも試してみて、うまくいけば素直に取り入れた。**

記憶力に自信があったのか、入団当初はミーティングのときはほかの選手がノートを持参しているのに紙切れ一枚持ってくるだけで、ろくにメモも取らなかったが、いつからかしっかりとノートを取るようになったし、三十歳を過ぎてからは、たとえば日本シリーズのときは指示しなくても自分からパ・リーグの選手を訪ね、情報を収集するなど、ずいぶんと「らしく生きる」ようになっていた。

なかなか変わる意志を持たなかった池山と広澤も、あるとき気がついたのだろう、大きく変わった。池山はトレードマークの「ブンブン丸」を封印し、チームバッティングを心がけるようになったし、やはり大振りをしてホームランを打つ代わりに三振の山も築いていた広澤も、自分が目立つことより、チームが勝つことに喜びを見出すようになった。

「中心選手はチームの鑑でなければいけない」

すなわち、「組織の中心を担う人間は、ほかの人間の手本になれ」とは私のよく口にすることである。野球でいえばエースと四番がそれにあたるが、中心の考え方と行動は、ほかの人間に伝播する。中心が自己中心だったり、ちゃらんぽらんであったりすると、組織全体もそうなってしまう。

逆に、中心が率先して範《はん》を垂《た》れてくれると、ほかの人間も自分もやらなければいけないと考えるし、管理する側からいっても、「あいつを見習え」と命じればいいので、とても組織を掌握しやすい。池山と広澤のふたりが考えをあらため、変わったことが、どれだけその後のヤクルトというチームに好影響を与えたことか。

彼らが引退後も指導者や解説者として活躍しているのも、**変わる勇気を持ち、「らしく生きる」ようになったことが大きい**と私は見ている。

それでは、いまのプロ野球でそういう役割を担っている選手は誰だろうか。

二〇一六年から阪神の監督を務めることになった金本知憲《かねもとともあき》がまさしくそうだったということは至るところで述べたが、ピッチャーではダルビッシュ有が真のエースと呼べる存在だった。

エースの条件には「チームの鑑」であることと、もうひとつ、「チームの危機を救ってくれる」ことがある。

端的に言えば、負けが続いてチームの雰囲気が落ち込んだり、打線が沈黙しているときであっても勝利を引き寄せられるピッチャーのことであり、味方がエラーしようが、ミスをしようが、いっさい不平不満を口にせず、むしろマウンドから味方選手を奮い立たせるようなピッチャーのことをエースと呼ぶのである。

さらに加えてエースは、自分の記録よりもチームの勝利を第一に考え、「チームが勝つことで自分も活きる」と思えるようでなければいけない。

ダルビッシュは、こうした条件も若くして満たしていた。彼は、「おれがやらなければ誰がやる」という気迫を全身から発散させていたし、勝たなければならない試合では、ほぼ確実に結果を出していた。おそらくテキサスレンジャーズでも、早くから、首脳陣や同僚選手たちの篤い信頼を得たのではないかと想像する。

ダルビッシュを追うようにアメリカに行った田中将大も、ダルビッシュに近いものを持っていた。先発すると、彼は必ず完投を目指していた。私が「無理するな」と言っても、「いや、行かせてください」と直訴することもしばしばだった。

かつては、自分を第一に考える部分が見えることもあったが、次第に「チーム全員で勝てたのがいちばんうれしい」といった発言が多くなった。いまや彼も真のエースと呼んでもかまわないのではないかと、私は思っている。

第4章

おのれを知り、徹せよ

おのれを知る

徒然草にこういう一節がある。

我を知らずして、外を知るといふ理あるべからず。さらば、己れを知るを、物知れる人といふべし

すなわち、「自分を知らずしてほかのことを理解できるわけがない。自分を知っている人を物知りというのである」という意味である。

兼好法師が言っているように、すべてはおのれを知るところからはじまる。

自分を知れば、おのずと自分に足りないこと、しなければならないことがわかり、自分を活かす方法、場所もわかるのである。

私が南海の監督を務めていたころ、藤原満《ふじわらみつる》という選手がいた。

近畿大学時代の藤原は、クリーンナップトリオの一角を担った長距離砲だった。しかし、彼の体格とパワーは、プロでホームランバッターとしてやっていくには不足していた。にもかかわらず、依然として彼は、スラッガー用のグリップの細いバットを使い、しかも立てて構えていた。そのため、プロのピッチャーの投げる球には対応できず、伸び悩んでいた。つまりは、自分を知らなかったのである。

そこで私は「**おまえは長距離バッターではない**」とはっきり告げ、命じた。

「**一、二番を打てるアベレージヒッターになれ**」

そうしてバントの構えからバットを引いて打つ、バスターの練習をさせた。そうすればおのずとスイングがコンパクトになり、叩きつけるような打ち方になる。さらに「これで打つならレギュラーで使ってやる」と伝えて、バットをグリップが太く、重さもあるものに変えさせた。以後、藤原は一番に定着し、オールスターにも出場するような選手に成長した。

おのれを知ることで、自分を活かす場所と果たすべき役割をみつける――ヤクルトにもそういう選手がいた。たとえば、土橋《どばし》勝征《かつゆき》がそうである。

私が監督になったとき、ヤクルトには右の外野手が足りなかった。誰かいないかと二軍に視察に行き、目をつけたのが土橋だった。当時の土橋は長距離砲で、ホームランばかり狙っていた。

だが、私の見るところ、藤原と同じく、どう考えてもホームランバッターではない。そこで私は言った。

「**ヒットの延長がホームランだ。ホームランがほしいなんて絶対考えるな。ヒットを打つことに徹底しろ。そうすれば、使いみちが出てくる**」

土橋はもともとショートが本職だった。しかし、ショートには池山がいた。それでサードに回ると、長嶋一茂が入団してきた。「ならば」とセカンドに転向すると、今度は中央大学時代にソウルオリンピックの日本代表にも選出された笘篠賢治《とましのけんじ》が入ってきた。

もはや彼にはあとがなかったのだろう。「使い勝手のいい選手になれ」という私の命令に忠実に従った土橋は、どこでも守れ、どんな打順もこなせるユーティリティプレーヤーとしてチームに必要不可欠な選手となり、ヤクルトの黄金時代を支えてくれたのである。

逆に、おのれを知らなかったがために、持てる才能を発揮できずに終わった選手もいる。名前を出すのは控えるが、その内野手は一年目から活躍し、新人王を獲ったほどの選手だった。彼の最大の長所にして武器は脚だった。そのことを自覚していれば、どのようなバッティングをすればいいのかわかるはずだ。にもかかわらず彼は細いグリップの長距離打者用のバットを使い、振り回していた。

しかし、当時のチームには池山と広澤に加え、外国人の大砲もいた。この三人にその内野手がパワーや飛距離でかなうわけがなかったし、ミート自体もそれほど特筆すべきものではなかったから、監督の私としてはとてもクリーンナップトリオの一角を任せるわけにはいかないのは道理だった。

「脚を活かすようなバッティングをしてくれればなあ……」

私は思ったし、「二番と三塁はあけて待っているから」と本人にも言った。

当時、西武ライオンズに平野《ひらの》謙《けん》という、守備とバントで年俸一億円をもらっていた外野手がいた。自分の長所と役割をきちんと自覚し、まっとうすれば、脇役であっても主役に劣らない評価を得られるという絶好の見本が平野だった。

私はその内野手にそのことに気づいてほしかったのだが、最後まで彼は理解できなかった。あたかも「おれのよさに気づかないなんて、見る目がないんじゃないか？」と考えているかのようで、「使わないほうが悪い」と言わんばかりにふてくされるだけだった。

自分が長所だと思っていることが、必ずしもそうでないことは意外に多い。

その結果、本人がやりたいことと、監督がその人間にしてほしいことが食い違うことはめずらしくない。そんな思い込みのために活躍する場を失ってしまうのはあまりに惜しい。いま一度、自分の長所はどこにあるのか、短所は何なのか、自分自身を見つめ直してみてはどうだろうか。

上司の意識を刺激することで戦いに勝つ

じつは私は、プロ一年目のオフにクビを言い渡された。

私が〝カベ〟要員として南海に入団したことはすでに述べたが、何度か打席に立たせてもらったこともあった。当時は一軍登録の規則などあまりうるさくなかったのである。が、十一打席で一回もヒットを打つことができなかった。初打席を含めて三振は五つを記録した。

毎日、ピッチャーの調整役として球を受けるだけでろくに練習をしていなかったのだから、しかたがない部分があるのだが、シーズン後、選手契約担当の部長に呼ばれ、いきなりこう言われた。

「来年、きみとの契約はしない」

家族を楽にしてやろうと思ってテストを受けてプロになったのに、たった一年でクビになっては顔向けができない。

「なんとかもう一年やらせてください。クビになったら南海電車に飛び込んで自殺します」

なかば脅すようにしてクビだけは免れたが、このままでは一年後にまた同じ憂き目を見るのは確実だった。

「実力で一軍に上がるためにはどうすればいいのだろうか」

私は考えた。カベである自分が人より練習しなければならないのはわかっている。が、それだけでは足りないと思った。

そこで私は、練習が終わってから毎日素振りを続け、パワーをつけるためにいまでいう筋力トレーニングに取り組んだ。当時の正捕手だった松井淳さんはバッティングに難があったので、**バッティングがよくなれば、絶対に追いつけると考えたからである。**

案の定、バッティングを買われた私は、三年目の春に一軍のハワイキャンプに参加し、これを足がかりにレギュラーの座を射止めることになったのである。

野球選手は、敵と戦う前に自分と戦わなければならない。これはよく言われることだ。「ここは絶対に打たなければならない」というプレッシャーや「打てなかったらどうしよう」という弱気に打ち克たなければ、敵に勝てるわけがない。

しかし、自分と戦う前に対峙しなければならないものがある。監督である。なぜなら、選手はまずは監督に使ってもらい、試合に出なければならないからだ。これは会社でも同じだろう。**新人はまず、上司の目に止まり、注目してもらうことを考えなければならない**。

そのためには何が必要か——上司の意識を刺激することである。そうして**自分を使いたくなるように仕向ける**のである。

私の場合は、バッティングを向上させることで鶴岡監督やコーチの興味を惹き、意識を刺激したわけだが、逆に、監督としての私が興味を惹かれ、刺激されたひとりが、橋上秀樹《はしがみひでき》という選手だった。

私がヤクルトの監督になったとき、橋上はすでに六年目。前年に一軍に上がったものの、外野のレギュラーを獲得するまでにはなっていなかった。その最大の理由は、横の変化球への対応だった。とくに、右ピッチャーのスライダーを苦手にしていた。

「このままではいずれ自分の居場所はなくなってしまう……」

橋上は危機感を抱いたという。どうすればいいか思案したとき、思い浮かんだのが「まずは自分を知れ」という、私がミーティングでしつこいくらい口にしていた言葉だった。そうして生き残るための活路として見出したのが「左ピッチャーに強くなること」だった。

橋上のライバルだった秦真司《はたしんじ》も荒井幸雄《あらいゆきお》も左バッターだった。比較的左ピッチャーを苦手としている。

「ということは、左ピッチャーをもっと打てるようになれば、絶対に出番は増える」

橋上は考えたのだ。

そう決めてからは、バッティング練習に対する取り組み方が変わった。それまでの橋上は、練習ではいつもスタンド越えを狙っていたという。つまり、気分よく打てればよしとしていたわけだが、それからは左のスペシャリストを目指して左のピッチャーに投げてもらうようにしたのである。橋上が左対策に磨きをかける姿を見た私も、左ピッチャーの先発が予想されるときには彼をスタメンに起用するようにした。

要は、**自分ならではのセールスポイントを持つ**ということなのだが、**自分の強みは何かを自覚していたとしても、それをアピールし、活かす方法を知らない、もしくは間違えている人間は、じつは意外なほど多い**。そのせいで、目の前にあるチャンスをみすみす逃す結果になるのである。

たとえば、長嶋一茂も、残念ながら自分の長所を発揮できずに終わった選手だった。彼の最大の長所は長打力である。遠くに飛ばす能力は人並み以上のものを持っていた。しかし、それを活かすためには試合に出なければはじまらない。そして、一茂が試合に出るためには、守備を向上させる必要があった。そうすることで、監督の私が起用したくなるよう、勝負してこなければならなかったのだ。

しかし、彼はその戦いを放棄した。守備に興味を示そうとしなかった。当然、うまくなるわけがない。彼が一発を打つ確率とエラーするリスクをはかりにかければ、エラーをするリスクのほうがはるかに大きい。これではレギュラーとして起用するわけにはいかないのである。

逆に、「出るためなら何でもする」という姿勢で、ヤクルト不動のセンターとなったのが飯田哲也《いいだてつや》である。飯田はもともとキャッチャーとして入ってきた。しかし、彼はキャッチャーとして起用するには惜しい駿足と強肩を持っていた。

飯田がキャッチャーというポジションに固執していたら、のちに七年連続ゴールデングラブ賞に輝く中堅手は誕生していなかったし、ヤクルトの運命もずいぶん変わっていたはずだ。

幸い、彼は「**チャンスをもらえるならどこでもやる**」という態度だったので、まずはセカンドをやらせることにした。ところが、翌年、外野手という触れ込みで入ってきた外国人選手を見たら、肩は弱いし、足も遅い。本人に聞くと、本職はセカンドだと言う。そこでその外国人にはセカンドをやらせることにし、飯田をセンターにコンバートした。これが彼にとっても、チームにとっても大正解だった。

それをもたらしたのは、「試合に出られるなら、何でもする」という飯田の覚悟と姿勢であった。そうして飯田は私との戦いに勝ったのである。

長嶋一茂に較べれば、橋上の才能は見劣りした。残した成績も決して一流とはいえない。飯田にしても、ドラフト四位での入団だ。身体能力はともかく、注目度、期待度という意味では一茂の比ではない。

しかし、橋上は自分にしかこなせないポジションと役割を確立し、複数の球団で十七年もの長きにわたってプレーしたし、飯田はヤクルトどころか球界を代表するセンターとなり、いまは福岡ソフトバンクのコーチをしている。橋上はその後、あろうことか巨人のコーチとして、そしていまは埼玉西武のコーチとして「自分を知る」ことの大切さを若い選手たちに説いているらしい。

誰しも自分の武器を持っている。それを活かしてやりたいこと、できることがあるだろう。

しかし、そのためにはまず、戦うためのフィールドに出なければならない。自分のセールスポイントを磨くとともに、それを活かせる場所が与えられるのを待つだけでなく、みずから獲得しようとしなければならない。**戦う場所は与えられるものではなく、奪い取るものなのである**。

そのためには、「何をしたい、何ができる」と能書きを垂れる前に、まずは**「どうしたら、上司に目をかけてもらえるか。上司は何を欲しているのか。ならば自分は何をアピールすればいいのか」**と考え、上司の意識を刺激しなければならないのだ。

何事も徹せよ

足が遅い人間は、速い人間にはかなわない。百メートル走るのに十二秒かかる人間は、一〇秒で走れる人間には勝てない。四二・一九五キロを走るのに三時間を切れない人間が、二時間ちょっとで走る人間にマラソンで勝つことは、不可能だ。

陸上にかぎらず、個人競技というものはそういうものだ。絶対的に力が劣る人間が勝つためには、相手が失敗するのを待つしかない。

しかし、団体競技は必ずしもそうではない。野球でいえば、四番バッターばかり集めても、必ず優勝できるとはかぎらない。**なぜなら、適材適所というも**

のがあるからだ。

野球には、九つのポジションと九つの打順がある。ひとつひとつにはそれぞれの役割があり、果たすべき仕事の内容が違う。当然、求められる適性もそれぞれ異なる。

したがって、適当な人材を適当なポジションに起用すれば、チームの力は飛躍的に向上する。いうなれば、**個々の力の和＝チーム力ではなく、個々の力の積＝チーム力になる**のである。

現在、ヤクルトのピッチングコーチをしている高津《たかつ》臣吾《しんご》が現役時代、ある日の試合前のミーティングで、対戦する巨人のオーダーを見て、思わずこうもらしたことがある。

「すげえなあ……」

たしかに、当時の巨人は各チームの四番を根こそぎ集めて、強力なオーダーを形成していた。そこに名を連ねている個々の名前を見れば、高津がため息をつくのもわからないではない。

そこで私は言った。

「**全体で見るな。ひとりひとり寸断して見てみろ。どんな強打者であっても、必ず弱点、攻略法はあるものだ**」

というのは、巨人のオーダーはたんなる「打順」で、「打線」ではなかったからだ。一本の「線」として切れ目なくつながっているのではなく、「点」を順番に並べたにすぎなかった。

線であれば、バッテリーは「こいつを塁に出すと、四番まで回ってしまうな」とか「次は小技のうまいバッターだから、何か仕掛けてくるかもしれない」などと考え、そのバッターだけに集中することが難しくなる。

しかし、点の集合であれば、つながりなど意識しなくてもよく、ひとりひとり寸断してバッター個々の対策を考えることができる。どんな強打者でも弱点はあるから、きちんと攻略法を練り、集中して立ち向かえば、恐れるに足りないのである。

要するに、適材適所は、才能集団に勝るのだ。野球をはじめとする団体競技では、足が遅くても、身体が小さくても、あるいはとりたてて才能に恵まれていなくても、自分の役割をしっかりと認識し、まっとうすることができる人間が集まっていれば、強者を倒すことができるのである。

このことは、言い換えれば、どのような人間であっても必ず自分を活かす場所があり、そこで責任をまっとうすれば正当な評価を得られるということである。たとえ主役にはなれなくても、脇役や裏方として役割をまっとうすれば、主役に劣らないだけの評価が得られるということである。

なぜなら、そこでは主役と脇役はどちらかが上ということはないからだ。**主役は脇役が仕事をまっとうするからこそ力を発揮できるし、脇役もまた主役がいることでより大きなやりがいを感じることができる**。どちらが欠けても、組織は機能しないのだ。そして、このことはあらゆる組織に共通する真理であると私は考えている。

では、自分を活かす場所をみつけ、持ち味を発揮するのに最も大切なこととは何か——。

「**徹すること**」

私はそう思う。自分の持ち味とは何なのか、自分は何ができるのか、すなわちおのれを知ったうえで、自分の長所を誰にも負けない武器にするためには、何をすればいいのか、何をすべきなのか、徹底的に考え、技術を突き詰め、磨いていく——。そのなかから自分を活かす道が開けてくるのだ。四十一歳五ヵ月という史上最年長で名球会入りを果たした宮本慎也にしても、先ほど名前が出た土橋にしても、橋上にしても、**主役になろうとはせず、脇役に徹したからこそ、いまの彼らがあるのである**。

何度も言っているように、私は処世術についてはまったくなっていない。でも、だからといって、必ずしも処世術を否定するものではない。自分には絶対できないことだが、処世術を徹底するなら、それはそれですばらしいことだと思っている。

その点、星野仙一《ほしのせんいち》などは天才的だ。野球界の実力者はもちろん、政財界やメディアの偉いさんや実力者もがっちり摑んでいた。星野が解説者や指導者として引く手あまただったのも、そうした人脈が大いに影響しているのは間違いない。

要は、それに徹することができるか、なのだ。

阪神の監督だったころ、当時の久万俊二郎《くましゅんじろう》オーナーと部下の会話を聞いたことがあるが、その部下は徹底してゴマをすっていた。それこそ歯の浮くような、明らかにお世辞だとわかるようなことを平気で口にしていた。

その部下が帰ってから、「ああいうのって、どうなんですか?」と訊ねたら、オーナーは答えた。

「悪い気はせんよ」

ゴマすりでも徹すれば、大きな力になるのである。

不器用は器用に勝つ

一九九七年、小早川毅彦という左バッターが広島からヤクルトにやってきた。PL学園、法政大学で活躍した彼は、広島カープでも新人王に輝くなど、一年目からずっと主軸を担ってきたが、若手の台頭により次第に出番が減り、解雇されてヤクルトに移籍したのである。

当然、周囲からはすでに峠を過ぎたと見られていた。しかし、遠くに飛ばす技術を持っていたし、何より、前年カモにされた巨人のサイドスローのエース、斎藤雅樹を攻略するためには、左バッターの小早川の役割は非常に重要だった。

開幕前、私は小早川に訊ねてみた。

「**おまえは、自分を器用だと思うか？**」

小早川はよく意味がわからないようだったが、答えた。

「不器用だと思います」

「だが、おまえのは器用な選手がするバッティングだ。いつもストレートのタイミングで待って、変化球にも対応しようとしている。**天才はそれでいいだろうが、おまえはそうではないだろう**」

要するに、彼は「来た球を打つ」というタイプだったのだ。幸か不幸か、比較的天性に恵まれていたから、それでもなんとかなってきたが、年齢とともに力が衰えると、以前のようにはいかなくなった。

「おれにはそう見えるが、違うか？」

「そのとおりです」

「だったら――」

私はたたみかけた。

「不器用に徹したらどうだ？」

「**不器用な人間が苦労するのは事実だ。だが、それに徹すれば、最後には器用な人間に勝つことができるんだ**」

それは、私の実感であった。というのは、私自身が不器用だったからだ。

そのことに気がついたのは、四年目にホームランを三十本打ち、ホームラン王になったときだった。すでに述べたように、どういうわけか、それから突然打てなくなったのだ。いくら練習しても効果はなかった。そこで、**なぜ打てないのか考えた結果、自分は不器用であると気づいた**のだ。

つまり、ストレートならストレート、カーブならカーブが来るとわかっていれば打てるが、その読みがはずれたらもうお手上げなのだ。咄嗟に反応できるだけの天性がなかったのである。とくにカーブが来たらもうお手上げだった。

そこで、不器用な自分が打てるようになるにはどうすればいいのか、もう一度考えた末、「だったら、読みの精度を上げればいいのだ」という答えを得たのである。

当時は精神野球の時代。「データ」なんて言葉は聞いたことがなかった。そこで私は、相手投手の「傾向」を調べてみようと思い立ち、徹底的にデータを収集。それをもとに配球の「傾向」を読むことで、コンスタントに好成績を残すことができたのは、前に述べた通りである。

もし私が器用だったら、読みはそれほど必要なく、データを集めることもなかった。そうなっていれば、そこそこの成績しかあげられなかっただろう。**不器用だったから、誰もやっていない努力をしたし、結果としてそれが私の運命をも好転させることになったのだ**。

だから、監督になってからも、広澤や池山をはじめ不器用な選手には「不器用に徹しろ」と言い続けた。小早川にも、斎藤の左バッターに対する配球パターンをカウントごとに解説してやり、言った。

「天才型の対応もいいが、相手によって、配球によって、狙いを変えてみたらどうだ？　少しはデータを参考にして配球を読んで、狙い球をしぼるなり工夫をしてみろ」

それが一九九七年の開幕戦の三連発となって結実したのである。

自分が器用であるという意識を持っているなら、それに徹すればいい。だが、そうでない人間が、下手に器用になろうとするのは禁物である。

器用で目先の利く人間は、何でもすばやくそれなりにこなすことができるので、周囲からは重宝され、評価もされるだろう。不器用な人間が、うらやましく感じたり、あこがれたりするのもわからないではない。

けれども、器用貧乏という言葉があるように、**器用な人は往々にして「これだけは誰にも負けない」という武器を持てずに終わる。**器用なら器用に徹すればいいのだが、なまじ最初から何でもできるだけに、もっと技術を高めようという努力を怠りがちだ。

対して、不器用な人間は何度も失敗を重ねるため、一定のレベルになるまでに時間がかかるが、そのぶん、必然的に努力しなければならないし、失敗のなかから学ぶことも多い。まさしく「ウサギとカメ」のたとえにあるように、**長いスパンで見れば、不器用は器用に勝るのである**。

不器用な選手や、それほど才能に恵まれていない選手は、器用な選手や才能に恵まれた選手と同じことをやっていては勝てない。同じフィールドで戦っても勝ち目はない。

けれど、自分の特性をしっかり認識し、自分を活かすポジションを見つけられれば、十二分に勝負できる。しかも、人より多く試行錯誤していくなかで、知識や理論、経験則といったものが蓄積されていき、大きな財産となる。最後は不器用が勝つのである。

つねに自問自答を繰り返し、正しい努力をせよ

繰り返しになるが、私は、プロ入り四年目に初タイトルとなるホームラン王を獲得してから、突然打てなくなった。

レギュラーになり、タイトルを獲ったことで天狗になったというわけでは決してない。自分の力を過信したわけでもない。したがって、練習を怠ることはなかった。それどころか、**「打てないのはやはり練習が足りないのだ」と思い、以前にも増してバットを振った**。手をマメだらけにして、少なく見積もっても、ふつうの人の倍はやった。

それでも結果は出なかった。四年目には三割を超えた打率は、二年連続して

二割五分程度に落ち込み、ホームランは二〇本ほどに減ってしまった。

「なぜなんだ――」

思い悩んだ末に、私は気がついた。

「おれは、間違った努力をしていたのではないか……」

すでに述べた通り、不振の根本的な原因は「不器用なこと」にあった。不器用であるから、たとえば長嶋茂雄やイチローのように、読みがはずれたときにフォームを崩しながらもボールに反応するという芸当が、どうしても私にはできなかったのだ。

タイトルを獲ったことで、相手バッテリーは私を警戒し、研究するようになっており、攻め方を工夫してきた。甘い球は滅多に来なくなったし、何より苦手なカーブをはじめ、変化球も増えた。それが打てなくなった最大の原因だったのである。

にもかかわらず私は、原因をひたすら練習不足に求めた。しかし、バットを振ったからといって、不意に投じられるカーブに反応できるようになるわけではないのである。**つまり、間違った努力をしていたのであり、カーブを打てるようになるための正しい努力をしていなかったのである。**

できない。

むろん、努力は大切だ。尊い。努力なしに、大きな仕事を成し遂げることはできない。

しかし、方向性と方法が間違った努力は、まったくの無駄とはいわないが、努力の量に対して得るものが少ないのも事実なのだ。

私は他球団をリストラされた選手を何人も甦らせたことで、「野村再生工場」と呼ばれたが、リストラされた選手や伸び悩んでいる選手は、私の見るところ、努力の方法を間違えている者が非常に多かった。それで持てる才能を発揮できずにいたのである。

したがって、正しい努力をすることがスキルを伸ばすためには非常に重要なのだが、**では、どうすれば間違った努力をしないですむのだろうか**――。

私が選手たちに言い続けてきたのは「つねに自問自答せよ」ということであ

る。

「今日は何百本打ち込んだ、何百球投げ込んだからといって、絶対に満足するな。数多くこなすことで、かえって悪い習慣を身につけてしまうこともある。ほんとうに**自分は正しい努力をしているのか、毎日自分に問いかけろ**」

先ほどの「人間の最大の悪は鈍感である」という言葉は、この点でも真理となる。**鈍感な人間は、自分が間違った努力をしていることに気がつかない**。失敗を失敗として自覚できない。当然、失敗の原因を究明することもできず、間違った努力を続けてしまうのである。だから「感性を磨け」と私はしつこいくらい、言うのである。

もうひとつ、**「知識は力なり」という言葉も、間違った努力をしないための箴言となる**。知識は自己点検、自己修正、自己管理において大いに役立つのだ。正しい知識を持っていれば、それに照らし合わせて自分がしていることははたして正しい努力なのか、別のもっと効果的なやり方があるのではないかと自問自答できるからである。

もっと言えば、**知識は感性を磨くのにも力になる**。たとえばバッティングで空振りをしたとき、知識があれば、どうして空振りしたのか、どこでタイミングの合わせ方を間違えたのか、その原因に気づき、修正できる。

しかし、感性がないうえに知識もなければ、原因を解明できず、「よし、次は打ってやるぞ」という精神的な奮起に頼るしかない。それでは、かりに次は打てたとしてもそれは偶然にすぎず、同じ過ちを繰り返す可能性のほうが高くなってしまうのだ。

欲から入って、欲から離れる

言うまでもなく野球は団体スポーツである。個人ではなく、組織で戦う。だからこそ、個々の力で多少劣っているチームであっても、個人技にすぐれた選手を集めたチームに勝つことができる。

しかし、そのためには必要不可欠な条件がある。

チームの全員が協調性を持ち、一丸となって戦うこと——言い換えれば、**「フォア・ザ・チーム」の精神が徹底されていることが、弱者が強者を倒すためには絶対に欠かせない**のである。これは、ほかの団体スポーツにも共通することであり、ビジネスの世界も同じであろうと思う。

おそらく、どんな選手でも言うだろう。

「チームのために全力を尽くします」「チームに貢献したいと思います」

ほとんどの選手は口先ではなく、本心からそう思っているに違いない。

ただ、そういう選手の実際のプレーを見ると、「**はたして彼らは〝フォア・ザ・チーム〟の精神をほんとうに理解しているのだろうか**」と、嘆かざるをえないことがしばしばなのである。

彼らはおそらく、次のように考えているのではないか。

「自分が打つことがチームの勝利につながる」「自分が勝ち星をあげることがチームに貢献することになる」

実際、そう発言する選手は多いし、その発言に異を唱える者は、選手のなかにはもちろん、一般の人々のなかにもめったにいない。

しかし、あえて私は苦言を呈したい――「そういう考え方は、チームより自分を優先していることにほかならない」のだと……。

「一本でも多くヒットを打ちたい」「ひとつでも多く勝ち星をあげたい」

そう思うこと自体は当然だし、「自分の成績が上がることがチームに貢献することになる」と考えるのも間違ってはいない。ところが、多くの場合、それが「自分の成績を上げることで、チームに貢献する」という認識に変換されているのである。

「チームのためにヒットやホームランを打つ」と「自分がヒットやホームランを打つことがチームのためになる」――このふたつの考え方は、まったく違うことにお気づきだろうか。

ひとことでいえば、前者は「自分よりチーム優先」、後者は「チームより自分優先」ということだ。

一年間に四〇本ホームランを打つバッターが、「おれがホームランを打つことがチームのためになる」と考え、毎打席ホームランを狙うとしよう。かりに年間六〇〇打席として、四〇本打つということは十五打席に一本。逆に言えば、残り十四打席、パーセンテージにして九三・三パーセントは凡退するということだ。つまり、打線のつながりをそれだけの確率で分断してしまうのである。

極端に言えば、そういうことだ。あの王貞治でさえ、ホームランを打てたのは三・二試合に一本なのである。

野球というスポーツはおもしろいもので、ホームランはおろか、ヒットさえ出なくても点は取れる。四球や犠打、盗塁などを有機的にからめればいい。だからこそ、その状況状況で、「自分はチームのために何をすべきなのか、何ができるのか」を考え、実行することが大切なのである。

つまり、「チームに貢献する」とは、必ずしも「自分が打つ」「自分が勝ち星をあげる」ということではなく、**「チームのために自分はどのように役立てばいいのか」をつねに念頭に置き、実践する**ことなのだ。そして、**それができる人間が多ければ多いほど、組織は強くなる**。そういう姿勢で仕事に取り組むことが上司や仲間からの信頼を篤くし、評価を高めるだけでなく、結果として成績も向上させるものだからだ。

人間は誰しも欲がある。そして、**欲というものは人間を成長させる原動力になる**。「こうしたい」「これがほしい」と思うからこそ、人は努力するし、がんばれる。私だっていくばくかの欲はある。したがって、「一本でも多くヒットを打ちたい」「ひとつでも多く勝ち星をあげたい」という欲自体は否定されるべきではない。

しかし、その欲に凝り固まってはいけないのだ。チャンスで打席が回ってくると、どうしても「よし、ホームランを打って試合を決めてやる！」と思ってしまうものだが、そうなるとつい欲が先走って力が入りすぎ、強引になってボール球に手を出したり、つり球に引っかかったりする。私自身、現役時代はそういうことが何度もあった。それよりも、「まずは塁に出よう」「次のバッターにつなげよう」と考えられたときのほうが、かえってホームランが出た。

そう、**よい結果を出すためには、「欲を出発点にして、最後は欲を捨て去る」必要がある**。野球は団体競技であり、必然的に協調性が求められている。組織の一員として行動する以上、「自分が決めてやる」と自己中心的に考えるのではなく、「自分は何をできるのか、するべきなのか」という謙虚な心を持って臨むべきなのだ。

田中将大が一年目に初完封勝利をあげたとき、ベンチに戻ってきた彼の頭を私はコツンと叩いた。というのは、最終回、最後を三振で締めくくろうと欲を出した田中は、ストレートを力任せに続け、ピンチを招いたからだ。

格好よく三振で終わりたいという欲を持つのは悪いことではないが、それを優先させるあまり、肝心のチームの勝利をフイにすることは断じて許されない。将来のエースたる田中には、そのことを肝に銘じてほしかったのである。

「欲から入って、欲から離れる」こと、つまり欲を自制する力をセルフコントロールと呼ぶ。非常に難しいことではあるが、**真の意味で「チームに貢献するとはどういう意味か」をつねに考えて行動していれば、少なくとも欲に凝り固まることはない**と私は思う。自己中心的な発想ばかりに目を奪われがちな時期こそ、胸にしまっておきたい「問い」である。

和して同ぜず

前項で私は、「フォア・ザ・チーム」という精神の大切さを説いた。ここでは、それと一見、矛盾することを述べたいと思う。

ずいぶん前のことだが、雑誌である大学教授が、こんなことを書いていた。

自分は皆とは違う、という気持ちを忘れない、結局は自分も皆と同じだ、という判断を忘れない

「プロ野球選手にもあてはまる言葉だな」と私は感じ入った。

プロ野球選手は全員、どこかのチームに属している。したがって、チームのために自分は何をできるか考え、果たすべき役割を果たすこと、すなわち「フォア・ザ・チーム」の精神がなによりも求められるのは前項に述べた通りである。

しかし、同時にプロ野球選手は全員が個人事業主でもある。いわば「一国一城の主」であるから、「おれが、おれが」という精神も心のどこかに持っていなければならないのである。

つまり、**主体性と協調性。あるいは「個」と「組織」。相反しがちなこのふたつの命題を両立させることが大切であり、先の言葉はその関係性をうまく言い表している**と思ったのだ。

別の言葉で表現すれば、「和して同ぜず」。そういえば、昔、「連帯を求めて、孤立を恐れず」という言葉もあった。

ちなみに後者は、そのあとに「力及ばずして倒れることを辞さないが、力を尽くさずして挫けることを拒否する」と続くらしいが、いずれにせよ、これは、プロ野球選手のみならず、サラリーマンをはじめとするすべての人が生きていくうえで忘れてはならないことではないかと私は考えているのである。

唐突だが、WHO、世界保健機関という国際機関があるのはご存知だと思う。では、そのWHOが定める「健康」の定義をご存知だろうか。

「フィジカル（身体）」と「メンタル（精神）」が「安寧な状態にある」ことというのはわかるが、もうひとつ、「ソシアル（社会的に安寧である）」という条件が加わって、はじめて「健康」と呼べるのだという。

私はこの「ソシアル」という条件を、家族や職場、地域社会などとうまく調和している状態のことだと思っている。逆にいえば、身体的、精神的によい状態であっても、自分が所属する組織と調和していないのでは、「健康」と呼ぶことはできないのだ。これは、**人はひとりでは生きていけない**ということを示しているのではないかとも思う。

したがって、すべての人間はまず、**社会と「和す」**ことを学ばなければならない。つまり、その組織のために、自分は何ができるのかを考え、その責任を果たさなければならない。

しかし同時に、**「同ぜず」という姿勢**を忘れてはならない。むろん、それは自分勝手とか、自己中心的にふるまうことではない。

「盲目的に人と同じことはしない」

そういうことである。

具体的にいえば、人の倍、練習するだけではなく、誰もやっていない方法を試してみる――そういったことだ。そして、一流と二流を分ける分水嶺《ぶんすいれい》は、ここにもあると思われる。

私自身も、当時は誰もやっていなかった、データを活用し配球を読むという方法で、コンスタントにそれなりの成績を残せるようになった。こうしたことの積み重ねが、誰にも真似できないその人間の「個性」を形成するのである。

ところが、どうも日本人という民族は、おしなべて横並びを好む。他者と同じであることを求められるし、実際、それが好きなようだ。

「赤信号、みんなで渡れば怖くない」

そういうジョークがあったが、あながちジョークとも言い切れない。人と同じでないと不安になるという傾向が日本人には非常に強いからだ。とくに、自信がない人間ほど、「その他大勢」と同調行動をとりたがる。

しかし、「人と同じであれば安心」という精神状態は、思考停止を招く。思考が停止すれば、当然進歩が止まるというのは、すでに述べた通りである。

プロ野球にかぎらず、いい悪いは別にして、グローバル化したいまの日本は、競争社会と言わざるをえない。みんなが競争を強いられる。そこでは人と同じことをやっていては抜きん出ることはできない。

むろん、「人を蹴落としてまで抜きん出たくない」という人もいるだろう。それはひとつの生き方だ。が、それは付和雷同的な生き方をすることではない。少なくとも、人と同じことをして満足しているようでは、ろくな仕事はできないと、肝に銘じるべきだろう。

「結縁・尊縁・随縁」を大切にせよ

いつだったか、中曽根康弘《なかそねやすひろ》元総理大臣がこんなことを話していた。

「最近の子どもたちは、陽の当たること、光を浴びることしかやりたがらない。地味で努力が必要な陰の部分は、したがらない子どもが多い」

同感だった。最近はみんなが主役になりたがる。とくにプロ野球に入ってくるような人間は、アマチュアではずっとチームの中心選手だった者ばかり。それだけに、とりわけ主役願望が強い。ヤクルトにしろ、阪神にしろ、楽天にしろみんながただ力いっぱいプレーすればいいと考えていた。バッターは全員、ホームランを打ちたがったし、ピッチャーは速い球で三振をとりたがった。

しかし、みんなが主役になれるわけではないし、主役ばかり集まった組織が必ずしも強いわけではない。

「功ある者より功なき者を集めよ」

『呉子』にはそうある。

成功し、栄誉を得た人間よりも、そういうものとは無縁の人間のほうが、屈辱感や反骨心に満ち、かつ自己犠牲を厭わないので、いざというときには頼りになる。私はそう解釈しているのだが、一方で、光は陰があってこそ光、といった側面もあるだろう。実際、脇役や裏方が自分の仕事をまっとうすることで、主役は輝くことができる。いわば、主役を活かすも殺すも脇役と裏方次第。組織においては、脇役と裏方も主役に劣らぬ重要なアクターなのである。光だけでなく、陰も必要なのである。

事実、V9時代の巨人にしろ、黄金時代の西武にしろ、強いチームにはすばらしい脇役や裏方がいた。だから、脇役も裏方も自分を恥じることはまったくないし、主役は脇役と裏方を敬い、感謝しなければならない。
そのためにも私は、「結縁・尊縁・随縁」という言葉を大切にしている。これも、中曽根さんが挨拶の際によく使う言葉なのだが、「**縁を結び、結んだ縁を尊び、その縁に従う**」という意味である。

実際、私はこれまでじつに多くの人と巡り合い、さまざまなかたちで助けてもらった。**「我以外皆我師」とは吉川英治さんの言葉だが、あらためてそのとおりだと思う**。たとえ「こういう人にはなりたくない」と感じた人であっても、反面教師となる。

繰り返すが、人間はひとりでは生きていけない。「人」という字はそのことを示している。だからこそ、人との出会いを大切にしなければならない。つねにそのことを忘れなければ、おのれの力を過信することはないし、人に対してもやさしくなれるはずである。縁を大切にし、尊重してきた者だけが、生涯、その力を借りて、伸び続けることができるのである。

おわりに――夢は必ず叶う。叶わないのは努力が足りないからだ

振り返ってみると、「よくぞ私は野球を職業にすることができ、いまなお関わり続けることができているなあ」と、あらためて思う。これまで、野球をあきらめざるをえない状況に追い込まれたことが何度もあった。

私は一九三五年、京都府竹野郡網野町（現・京丹後市）という、京都北部の海辺の町に生まれた。実家は小さな食料品店を営んでいたが、三歳のときに父親が戦病死し、さらに小学二年生のときには母親も大病を患ったことで店をたたまざるをえなくなり、母と兄と私の親子三人は、生活費にもことかくような状態になった。

食べていくためには、私も働かなければならなかった。新聞配達、アイスキャンディ売り、子守り、農家の手伝い……できるかぎりのアルバイトをして家計を助けた。

そんな毎日だから、中学で野球部に入っても満足に練習に出られなかった。のみならず、ユニフォームはおろか、バットやグラブさえ買うことができなかった。

そこで私は一計を案じた。卒業していく先輩に頼んだのである。

「高校は硬式だから、軟式用のグラブとバットはもう使えませんよ。だから、ぼくにください」

そうして野球用具をタダで手に入れるのに成功したのである。

そのころから将来はプロ野球選手になって貧乏生活から抜け出したいと願っていた。そのためには高校に進学する必要があった。けれども、母親から「義務教育を終えたら働きに出てくれ」と言われ、逆らうわけにもいかず、就職するつもりでいた。

なんとか高校に進めたのは、兄が「これからは高校くらい出ておかないと弟は苦労するよ」と母親に話してくれたからだった。兄はアルバイトをしながら大学を目指すつもりだったのだが、私のために就職し、学費を出してくれたのである。

ところが、そうまでして野球をやるために入った高校なのに、三年のときには廃部の危機に直面した。

「野球部はろくに勉強しない生徒のたまり場になっている」

そういう理由で、学校側が「廃部にしてしまえ」ということになったのである。その急先鋒が生活指導部長を務めていた清水義一という先生だった。

「廃部になって野球ができなくなったら、プロ選手になることもできなくなる。なんとかしなければいけない……」

知恵をしぼった私は、先生のふたりのお子さんが野球好きだと聞いたので、「絶対に親父を試合を観に連れてこいよ」と言って先生ともども試合に誘い、まずは野球のおもしろさをわかってもらおうと考えた。さらに、先生との接触を増やすために生徒会長に立候補して当選し、先生に野球のすばらしさ、魅力を懸命に語った。

私の熱意が通じたのか、あるいは野球を通じて生徒たちを教育しようと考えたのか、いずれにせよ、先生は廃部の主張を撤回。のみならず、顧問まで引き受けてくれることになったのである。

じつは、南海のプロテストを受けられるよう、紹介状を書いてくれたのも清水先生だったのだが、テストを受けたのが南海だったのは、決して偶然ではなかった。**私なりの策略があって、十二球団のなかから南海を選んだ**のだ。

私は関西出身ではあったけれど巨人ファンだったので、できることなら巨人に入りたかった。しかし、当時の巨人には、藤尾《ふじお》茂《しげる》さんという、私より一歳上の甲子園で鳴らしたキャッチャーがいて、とてもレギュラーになれそうもなかった。

巨人にかぎらず、二十代のレギュラー捕手がいるチームでは私が入り込む余地はない。そうやって十二球団の戦力を分析していった結果、レギュラー捕手が三十代だったチームがふたつあった。それが南海と広島カープだった。

この二チームなら、私が二軍で力をつけたころ、ちょうどレギュラー捕手が引退の時期を迎える。加えて南海は、二軍選手を育てることに定評があった。それで南海のテストを受け、夢だったプロ野球選手になることができたのである。

もちろん、運もあった。母親は病身ではあったが、死ぬことはなかった。父親に続いて母親まで亡くなっては、いくら兄が働いてくれても私は高校には進めなかったろう。とすれば、野球を続けることは不可能だった。

生活のためのアルバイトも、結果として足腰を鍛えてくれ、がんばり抜く力を与えてくれたという意味で、無駄にはならないどころか、むしろ奏功した。なにより、文字通りのハングリー精神は、私の最大のモチベーションになった。

だが、天才でもなく、不器用な私が、今日まで野球に携わることができたのは、やはり、頭を使い、知恵を振りしぼったからだ。好きな野球をするために、プロ野球選手になるという夢を実現するために、そして一流と呼ばれるようになって大金を稼ぐために、どんな困難なことがあろうと、どれだけ高い壁にぶち当たろうと、決してあきらめず、徹底的に考え、試行錯誤してきたからである。

この本を読んでくれた方も、きっと好きなこと、やりたいこと、叶えたい夢があるだろう。にもかかわらず、いまはさまざまな要因でそれができない状況にあるかもしれない。そして、その理由をたとえば「上司の理解がないから」といって他人のせいにしたり、「予算的に不可能だ」などと環境に求めたりしていないだろうか。そうして、チャレンジする前からあきらめようとしていないだろうか。

だが、それがほんとうにやりたいことなら、叶えたい夢があるのなら、**少しでも実現に近づくために知恵を振りしぼれ**と私は言いたい。現状を嘆く前に、どうすればいいのか、徹底的に考えろと言いたい。

「窮して変じ、変じて通ず」

そういう言葉がある。川上哲治さんが、師と仰ぐ正眼寺《しょうげんじ》の梶浦逸外《かじうらいつがい》師にいただいた言葉だという。その意味は、「真剣にやっていれば、必ず行きづまる。それでも一心になってやっていると、ひょいと通じるものだ。通じないのは、行きづまる段階までいく真剣さが足りない」ということだと川上さんは著書に記していた。

人間というものは、好きなことなら、夢があるのなら、いくらでもがんばり続けることができる。これは私の実感である。

だからこそ、月並みではあるが、**「こうなりたい」と思い続けること、「これがやりたい」と思ったら、あきらめずに、やり切ることが大切だ**。そんな心構えを忘れることなく、真剣に、二十代、三十代を走り続けて欲しいと、切に願っている。

聞けば、「思う」を「おもう」と読むようになる前は、「もう」と発音していたらしい。そして、たんに考えたり、感じたりするときは「思う」を使い、願ったり、祈ったりするときは「念」という字をあてて、「念う」と読んだという。

そこで、人生を後悔しないために何をなすべきか、どう生きるべきかと迷い逡巡している読者のために、最後にこの言葉を贈ってペンを措《お》くことにしたい。

「念ずれば花開く」――。

野村克也

本作品は小社より二〇一二年九月に刊行されました。

野村克也（のむら・かつや）
1935年京都府生まれ。1954年にテスト生として南海ホークスに入団。1965年、戦後初の三冠王に輝く。首位打者1回、本塁打王9回、打点王7回、MVP5回を獲得。1970年、35歳で選手兼監督に就任、1973年にリーグ優勝。その後、選手としてロッテオリオンズ、西武ライオンズでプレー。1980年のシーズンを最後に引退する。その後解説者として活躍後、1990年よりヤクルトスワローズ監督として、球団をリーグ優勝4回、日本一3回へと導いた。阪神タイガース監督、社会人・シダックス監督を経て、2006年より楽天ゴールデンイーグルス監督。2009年、史上5人目となる監督通算1500勝に輝き、球団を初のクライマックスシリーズに進出させた。
著書に『野村ノート』『野村再生工場』『リーダー論』『負けかたの極意』『なぜか結果を出す人の理由』『「本当の才能」の引き出し方』等、多数がある。

だいわ文庫

そなえ
35歳《さい》までに学《まな》んでおくべきこと

著者 野《の》村《むら》克也《かつや》

二〇一六年五月一五日第一刷発行
発行者 佐藤 靖
発行所 大和《だいわ》書房
東京都文京区関口一—三三—四 〒一一二—〇〇一四
電話 〇三—三二〇三—四五一一
フォーマットデザイン 鈴木成一デザイン室
本文デザイン 小林麻実（TYPEFACE）
企画協力 KDNスポーツジャパン
編集協力 メディアプレス 藤田健児
本文印刷 厚徳社 カバー印刷 山一印刷
製本 小泉製本
ISBN978-4-479-30594-1
乱丁本・落丁本はお取り替えいたします。
http://www.daiwashobo.co.jp

だいわ文庫の好評既刊

森　博　嗣
常識にとらわれない100の講義
生きるうえで、どれだけの「理屈なき常識」に流されているのか？　あなたが本当の「正論」を手にするための一冊！
650円
257-1 G

森　博　嗣
思考を育てる100の講義
「考える」うえで、何を発信し、どう受け止めるのか？　思索を深めるヒント！の回路を変えて自分をリセットできる本！
650円
257-2 G

森　博　嗣
素直に生きる100の講義
思い通りにならなくても、進み続ける価値がある――。圧倒的人気を誇るミステリィ作家が贈る、「ひねくれた世界」の正しい生き方。
650円
257-3 G

＊武田櫂太郎
誰かに話したくなる！
「和食と日本人」おもしろ雑学
江戸時代、一流料亭のお茶漬けはいくらだった？　握り寿司はいつから高級になった？知るほどに面白い日本の食の蘊蓄を満載。
700円
272-3 E

＊瀧音能之 監修
「古代史」ミステリーツアー
邪馬台国から出雲神話、聖徳太子、天孫降臨、ヤマトタケルまで……17のルートで遺跡や古墳を辿りつつ古代史の謎に迫る！
650円
302-1 H

＊春日和夫
江戸・東京88の謎
城跡、街道、宿場町、遊郭の名残、呪詛と信仰、封じられた異界と中世のパワー……今も残る江戸の痕跡を辿り歴史の謎と不思議を繙く。
680円
264-1 H

＊印は書き下ろし

表示価格はすべて本体価格（税別）です。本体価格は変更することがあります。